AQA NELSON
SKILLS FOR GCSE

# GRAMMAIRE DIRECTE

PAUL ROGERS
Illustrated by Jacques Sandron

Nelson

Thomas Nelson and Sons Ltd
Nelson House
Mayfield Road
Walton-on-Thames
Surrey
KT12 5PL
United Kingdom

© Paul Rogers 1999

The right of Paul Rogers to be identified as author of this work has been asserted by him in accordance with the Copyright, Design and Patents Act 1988.

First published by Thomas Nelson and Sons Ltd 1999

ISBN 0-17-4401-795

9 8 7 6 5 4 3 2 1
03 02 01 00 99

Printed in Spain by Grafo

| | |
|---|---|
| Commissioning and development | – Clive Bell |
| Editorial | – Diane Collett |
| Marketing | – Michael Vawdrey |
| Production | – Gina Mance |
| Cover design | – Eleanor Fisher |
| Produced by | – Pardoe Blacker Ltd |

Illustration
Cartoons by Jacques Sandron

Other illustrations by:
Gary Andrews
Madeleine David
Sarah Sole

Acknowledgements
Fanfy Gandiglio
Julien Barbagallo

AQA (NEAB) Consultant on this title: Geoff Shooter, Principal Examiner for French Speaking and Writing

2

# Introduction

## Why is grammar important?

Every language, including English, has grammar rules. For example, we say: 'The dog *has* eaten my dinner', not 'The dog *have* eaten my dinner'. Think of grammar as a short cut – instead of learning hundreds of separate examples of language, a grammar rule shows you what they all have in common. This saves you time and helps you to manipulate new words and create new sentences. Although what you say and write in French does not need to be one hundred per cent grammatically correct for you to be understood, the more accurate your grammar, the easier it will be for you to get your message across. Likewise, you will earn more marks in your GCSE exam by being as grammatically correct as possible.

This book is designed to help you with the French grammar which you will need for your exam. Some of the grammar covered here is important for Foundation Tier and some for Higher Tier. Your teacher will guide you about which parts of the book to concentrate on.

## How does this book work?

- The first part of the book (pages 4-33) covers mainly grammar which is to do with agreement – that is, words in French which change according to gender (masculine and feminine) and whether they are singular or plural. The second part of the book (pages 34-73) covers verbs and tenses. Each grammar point is introduced through a cartoon, then there is an explanation of the grammar rule in question. This is followed by some practice exercises and often by a task called *Formation examen*. These tasks give you a chance to use the grammar point you have been learning in an exam-style activity, similar to the tasks you will encounter in your GCSE exam. The 0/00/000 grading system shows you which exercises are straightforward and which are more demanding.

- There is a verb list on pages 74 and 75, which includes the most important irregular verbs in the main tenses.

- If you want to find out the meaning of any key words in the cartoons or exercises, you can look them up in the wordlist on pages 76-79. We can't guarantee that every word you need is there, but it is worth checking before you use a dictionary.

- Finally, if you need to check the meaning of any grammatical terms such as 'tense', you can look them up in the glossary on page 80.

*Bonne chance pour l'examen!*

# Contents

## What you need to know

**1 Nouns**

All nouns in French are either masculine or feminine. When you learn a new noun (the name for something), you should always learn its gender (masculine or feminine) at the same time. This is not only so that you get the word for 'the' right – almost any other word you use accompanying the noun ('this', 'that', 'which', 'my', 'his', 'her' or any adjective) will change according to whether it's masculine or feminine.

In most cases there is no easy way to know whether a noun is masculine or feminine. If you don't know, you'll need to look it up. In most dictionaries, masculine nouns are marked *nm* and feminine nouns *nf*. However, there are a few short cuts:

All nouns of more than one syllable ending in *-eau* or *-age* are masculine:

le bat**eau**   le gât**eau**   le vill**age**   le chôm**age**

So are all nouns ending in *-ment*:

le bâti**ment**   le traite**ment**

All nouns ending in *-tion* are feminine:

la nata**tion**   la pollu**tion**

**2 The definite article**

Notice from the examples above that *le* is the definite article used with masculine nouns, and *la* for feminine nouns. *L'* is used if the nouns begins with a vowel or the letter 'h'.

For all plural nouns, you use *les*, whether the noun is masculine or feminine.

# The definite article (the French for 'the'): *le, la, les*

## Thinking it through

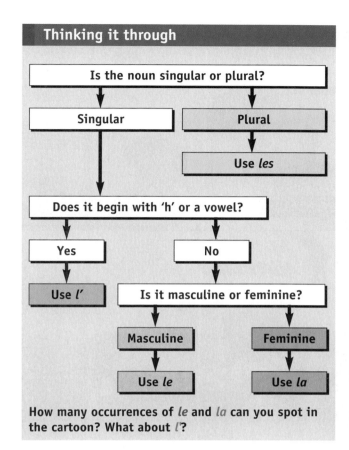

How many occurrences of *le* and *la* can you spot in the cartoon? What about *l'*?

## What you need to know

**3  The definite article for generalisations**

The sentences: 'Dogs are friendly' or 'I don't like milk' are what we call 'generalisations'. We are not talking about certain dogs or a particular glass of of milk, but about dogs and milk in general.

Look at the first line of the cartoon on page 6. In English we'd say: 'Rude words aren't allowed!' This doesn't mean just certain rude words, but rude words in general. The French is *les gros mots*. When you generalise about something in French, you must include the word for 'the' (the definite article).

**Try to find the other examples of this in the cartoon on page 6.**

*Remplissez les blancs, en utilisant les mots ci-dessous.*

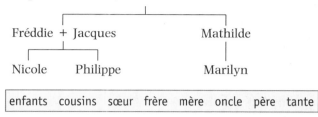

| enfants | cousins | sœur | frère | mère | oncle | père | tante |

**Exemple**
1  Jacques est **le père** de Nicole.

1  Jacques est ___ ___ de Nicole.
2  Nicole est ___ ___ de Philippe.
3  Fréddie est ___ ___ de Marilyn.
4  Nicole et Philippe sont ___ ___ de Jacques.
5  Mathilde est ___ ___ de Marilyn.
6  Jacques est ___ ___ de Mathilde.
7  Nicole et Philippe sont ___ ___ de Marilyn.
8  Jacques est ___ ___ de Marilyn.

*Julien a fait une mauvaise photocopie du plan de la ville. Recopiez cet index en ajoutant les articles.*

**Exemple**
l'auberge de jeunesse

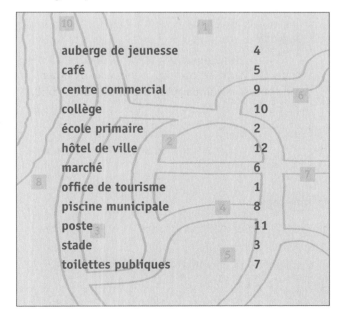

5

# The definite article (the French for 'the'): *le, la, les*

## EXERCICE C

*(Definite article for generalisations)*

Jean-Paul fait une liste alphabètique des choses qu'il aime et des choses qu'il n'aime pas.
Recopiez sa liste, en ajoutant 'le', 'la', 'l'' ou 'les'.

**aime**

Exemple
les animaux

| | | | |
|---|---|---|---|
| animaux | glace | lasagne | pêche |
| bronzage | hiver | musique | rap |
| chocolat | Italie | pop | sport |
| danse | jus | neige | télé |
| été | d'orange | oeufs au | vacances |
| filles | karting | plat | yaourt |

**n' aime pas**

| | | | |
|---|---|---|---|
| anglais | équitation | jazz | rentrée |
| bulletins | français | lait | saumon |
| scolaires | géographie | maths | tabac |
| curry | histoire | oeufs durs | voisins |
| devoirs | idiots | physique | whiskey |

## EXERCICE D

*(Definite article for generalisations)*

Which of the following would have a definite article if you put them into French? Make a note of the ones which do and give the definite article and noun in French.

I have three animals. / I like animals. / I don't understand maths. / We have maths after lunch. / Motorbikes are not dangerous. / There are lots of motorbikes in town. / There are girls dancing on the stage. / Girls are better at dancing than boys.

Exemple I like animals (*les animaux*)

## EXERCICE E  FORMATION EXAMEN

*Votre correspondant/votre correspondante vous a écrit:*
<<Moi, j'adore la pizza et les pêches! Qu'est-ce que tu aimes manger? Et qu'est-ce que tu n'aimes pas?>>
Ecrivez-lui une réponse.
Exemple  Moi, j'aime manger la salade …

# The indefinite article (the French for 'a/an' or 'one'): *un, une*

## What you need to know

**1  When to use the infefinite article**
The word for 'a/an' or 'one' is:

| | |
|---|---|
| *un*  for masculine nouns | *J'ai* **un** *chien et* **une** *souris.* |
| *une*  for feminine nouns. | I have a dog and a mouse. |

**2  When not to use the indefinite article**
But when you say what someone's job is, you **do not** use the article:

*Il est facteur.*   He is **a** postman.

## Thinking it through

> **Are you saying what someone's job is?**
> **e.g. 'She is a nurse.'**
>
> ↓                    ↓
>
> | **Yes (Don't use an article at all.)** | **No (Use *un* for a masculine noun, *une* for a feminine noun.)** |

## EXERCICE A   ●

*Que disent les personnages? Remplissez les blancs avec 'un' ou 'une', ou laissez-les vides.*

**Exemple**

**Romain**

> Salut! Je m'appelle Romain! J'ai **(1)** <u>un</u> petit frère qui s'appelle Cédric. Mon père est **(2)**___ mécanicien. Il a **(3)**___ super voiture. Ma mère est **(4)**___ vendeuse. Elle a **(5)**___ vélo!

**Sophie**

> Salut! Je m'appelle Sophie. Mon père est **(6)**____ fonctionnaire et ma mère est **(7)**____ infirmière. J'ai aussi **(8)**____ petit frère et **(9)**____ petite soeur. On a **(10)**____ maison près du centre-ville, avec **(11)**____ petit jardin derrière. **(12)**____ de mes copines, Nadia, habite à côté.

**How many examples of jobs can you find in the cartoon?**

# The partitive article: *du, de la, des*

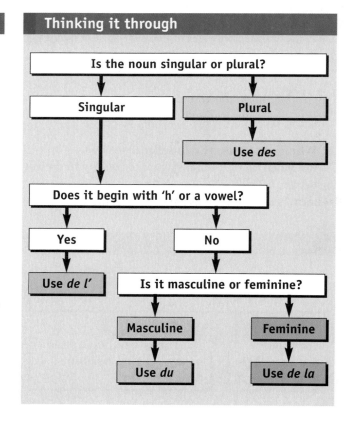

## What you need to know

Often, in English, we use nouns on their own, i.e. without a word like 'the' or 'some' in front of them, e.g:

I like maths. (i.e. maths in general – see page 5.)
Are you sending postcards? (Meaning 'any' postcards.)
We had rain on Monday. (Meaning 'some' rain.)

You can't do this in French – you have to use an article. If a generalisation is implied, use the definite article (see page 5). But if you mean 'some' or 'any', you must use *du, de la* or *des*, i.e. the 'partitive article'. Which one you use depends on whether the noun is masculine, feminine or plural.

| | |
|---|---|
| *J'ai **des** cartes postales.* | I have **some** postcards. |
| *Tu as **des** cartes postales?* | Do you have **any** postcards? |

But note that after a negative, these all change to *de*:

*Je n'ai pas **de** cartes postales.*  I haven't got **any** postcards.

**Try to find examples of all these in the cartoon.**

## Thinking it through

```
Is the noun singular or plural?
        |
   +----+----+
   |         |
Singular   Plural
   |         |
   |      Use des
   |
Does it begin with 'h' or a vowel?
   |
 +-+------+
 |        |
Yes       No
 |        |
Use de l'   Is it masculine or feminine?
              |
         +----+----+
         |         |
     Masculine  Feminine
         |         |
      Use du    Use de la
```

8

## EXERCICE A

*Fred va faire les courses.*
*Voici sa liste. Ecrivez ce*
*qu'il va acheter.*

pain

beurre

oranges

pâté

confiture

céréales

glace

lait

**Exemple**
Il va acheter du pain, ...

## EXERCICE B

*Remplissez les blancs dans cette conversation.*

**Exemple**

**Julien:** Tu as (1) __des__ devoirs ce soir?

**Romain:** Oui, mais il y a (2) ____ foot à la télé.

**Julien:** Viens le regarder chez moi. Il y a (3) ____ limonade dans le frigo.

**Romain:** D'accord. Tu as (4) ____ argent, toi?

**Julien:** Pourquoi?

**Romain:** Moi, je n'ai pas (5) ____ argent. Mais si tu en as, je peux acheter (6) ____ chips ou (7) ____ bonbons aussi.

**Julien:** Non, ça va. Je fais (8) ____ économies en ce moment pour acheter (9) ____ disques. Mais j'ai (10) ____ biscuits dans ma chambre.

**Romain:** Alors c'est bon! Il n'y a pas (11) ____ problème! A ce soir!

## EXERCICE C   FORMATION EXAMEN

*Vous préparez le menu des repas pour cinq jours à la mer.*
*Ecrivez à votre copain/copine ce que vous proposez.*
*Commencez: 'Lundi on peut manger ... avec ...'*

**Exemple**
Lundi on peut manger des saucisses avec du riz.

9

**1  Prepositions followed by *de***

Prepositions are words like 'near', 'with', 'opposite', etc. They often describe the position of something or someone. In French, certain prepositions are always followed by the word *de*. The commonest are:

| | |
|---|---|
| *près **de*** | near |
| *à côté **de*** | next to |
| *en face **de*** | opposite |
| *à cause **de*** | because of |

This is simple if you use a proper noun after it (such as a name or a place):

*près **de** Paris* – you just use *de* on its own.

It is straightforward, too, if you use a feminine noun or one beginning with a vowel or an 'h':

| | | |
|---|---|---|
| *la gare* | ➔ | *près **de la** gare* |
| *l'école* | ➔ | *près **de l'**école* |
| *l'hôtel* | ➔ | *près **de l'**hôtel* |

But if you use a masculine or a plural noun, the following changes occur:

| | | |
|---|---|---|
| *le collège* | ➔ | *près **du** collège* |
| *les magasins* | ➔ | *près **des** magasins* |

**2  *du, de la, des* meaning 'of the'**

You can't say 'the hairdresser's son' in French. You have to say: 'the son of the hairdresser'. The words *du, de la, d l'* and *des* are used to mean 'of the'. As you will probably have realised by now, which one you use will depend upon the noun that follows:

| | Masculine | Feminine | Beginning with vowel or 'h' |
|---|---|---|---|
| Singular | *du* | *de la* | *de l'* |
| Plural | | *des* | |

But note that if you want to say 'of' instead of 'of the', just use *de* or *d'* on its own (see page 12).

## *Du, de la, des* : following prepositions / meaning 'of the'

### EXERCICE A ● ●

*(Following prepositions)*

*Regardez ce plan du centre-ville. Répondez aux questions en utilisant 'près de', 'à côté de' ou 'en face de'.*

1 Où habite Emilie?      5 Où habite Nadia?
2 Où habite David?       6 Où habite Thomas?
3 Où habite Céline?      7 Où habite Sophie?
4 Où habite Guillaume?   8 Où habite Sandrine?

Exemple

1 Emilie habite en face de l'office de tourisme.

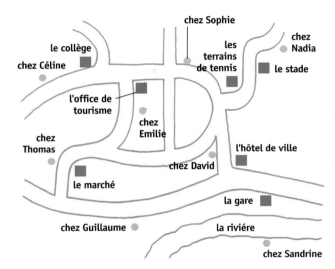

### EXERCICE B   FORMATION EXAMEN ● ●

*(Following prepositions)*

*Faites une description de votre chambre. Vous pouvez utiliser ces expressions et le vocabulaire.*

Exemple

Dans ma chambre, mon lit est à côté de la fênetre ...

| | |
|---|---|
| près de *(near to)* | au-dessus de *(above)* |
| au-dessous de *(under)* | en face de *(opposite)* |
| à droite de *(to the right of)* | |
| à gauche de *(to the left of)* | à côté de *(next to)* |

**Vocabulaire utile**

| | | |
|---|---|---|
| le lit | la fenêtre | le placard |
| la table | la chaîne hi-fi | des livres |
| le poster (des posters) | l'étagère | des CD |
| la lampe | la porte | le radio-réveil |
| | la table de nuit | la chaise |

### EXERCICE C ●

*(Meaning 'of the')*

*Lisez les informations, puis complétez les phrases.*

- Le facteur a trois enfants, Jean-Marc, Gaëlle et Stéphanie.
- La journaliste a deux fils.
- Le professeur a une fille, qui s'appelle Claire.
- Les musiciens ont un fils, qui s'appelle Olivier.
- L'infirmière a deux filles, Elodie et Florence.

Exemple

1 Les trois enfants **du** facteur s'appellent **Jean-Marc, Gaëlle** et **Stéphanie**.

1 Les trois enfants ___ facteur s'appellent ___, ___ et ___.

2 La mère ___ deux garçons est ___.

3 La fille ___ professeur s'appelle ___.

4 Le fils ___ musiciens s'appelle ___.

5 Les filles ___ infirmière s'appellent ___ et ___.

### EXERCICE D ● ●

*(Meaning 'of the' and 'of')*

*Jean-Paul essaie de raconter un téléfilm à Romain. Remplissez les blancs par 'du', 'de la', 'des' ou simplement 'de'.*

**Jean-Paul:** Il s'agit du président **(1)** ___des___ Etats-Unis dans l'année 2100. La femme **(2)** _____ président est prise en otage par un groupe **(3)** _____ terroristes. Sonny est le leader **(4)** _____ groupe. Mais le frère **(5)** _____ Sonny, lui, est un ami **(6)** _____ femme **(7)** _____ président. Donc ...

**Romain:** Ecoute. Dis-moi la fin **(8)** _____ histoire.

**Jean-Paul:** Je n'ai pas vu la fin **(9)** _____ film. Mon père voulait regarder un match **(10)** _____ foot sur l'autre chaîne.

11

## Beaucoup de, assez de, etc.

### What you need to know

Expressions of quantity are always followed by *de* on its own. The commonest of these are:

| | |
|---|---|
| *combien **de*** | how much/how many |
| *beaucoup **de*** | much, many, a lot of |
| *assez **de*** | enough |
| *trop **de*** | too much/too many |
| *un peu **de*** | a little, a bit of |
| *des tonnes **de*** | tons of |

As in English, the word 'of' is also used with weights and measures (even if they're vague!):

| | | | |
|---|---|---|---|
| *un kilo **de*** | a kilo of | *une bouteille **de*** | a bottle of |
| *un litre **de*** | a litre of | *des tas **de*** | piles of |

**Which of these examples occur in the cartoon?**

### EXERCICE A

*Remplissez les blancs par 'de', 'du', 'd'', 'de l' ' ou 'des'.*

**Nadia:** Tu as **(1)** <u> de l'</u> argent?
**Sophie:** Oui. Pourquoi?
**Nadia:** Combien **(2)** ___ argent?

**Sophie:** Assez **(3)** ___ argent pour acheter **(4)** ___ bonbons, si tu veux.
**Nadia:** Moi aussi, j'ai **(5)** ___ monnaie. Mais c'est pas pour ça. Je mange déjà trop **(6)** ___ bonbons. C'est pour un livre.
**Sophie:** Ah! Un peu **(7)** ___ culture!
**Nadia:** Pas exactement. Le livre s'appelle <<Comment perdre **(8)** ___ poids>>!

### EXERCICE B  FORMATION EXAMEN

*Répondez à ces questions de votre correspondant/ correspondante, en utilisant les phrases 'beaucoup de', 'trop de', '(pas) assez de', et 'des tas de'.*

<<Décris-moi un peu l'endroit où tu habites. Y a-t-il beaucoup de magasins? Près de chez moi il y a deux parcs, cinq ou six cafés et quelques restaurants. Et chez toi? Moi, j'ai une grande collection de disques et de CD. Toi aussi?>>

**Exemple**   Là où j'habite il n'y a pas beaucoup de magasins ...

## EXERCICE A   ○ ○

*Faites correspondre.*

**Exemple**
1A J'organise une fête pour l'anniversaire de Nadia.

| | | | |
|---|---|---|---|
| 1 | J'organise une fête pour l'anniversaire | **A** | des boissons. |
| 2 | Tu vas inviter combien le monde va apporter | **B** | du stade. |
| 3 | Une vingtaine. Et tout | **C** | d'anniversaire? |
| 4 | Nadia a beaucoup | **D** | de Nadia. |
| 5 | Qui va faire le gâteau | **E** | de chips. |
| 6 | Le pâtissier à côté | **F** | la famille. |
| 7 | C'est un ami de | **G** | de personnes? |
| 8 | Et sa mère va donner vingt paquets | **H** | de copains. |

## EXERCICE B   ○ ○

*Remplissez les blancs par 'd' ', 'de', 'du', de la', 'de l' ' ou 'des'.*

Cher Alain,

On passe **(1)** _des_ vacances affreuses! La maison qu'on loue est au milieu **(2)** _____ ville, en face **(3)** _____ gare. Il y a **(4)** _____ bruit toute la nuit – et non seulement le bruit **(5)** _____ trains, il y a aussi beaucoup **(6)** _____ gens qui crient dans la rue! La chambre même est petite avec trop **(7)** _____ meubles. Il n'y a pas assez **(8)** _____ eau chaude pour prendre une douche. Le directeur **(9)** _____ hôtel nous propose une réduction sur le prix **(10)** _____ chambre, mais il n'a pas **(11)** _____ solution pour le bruit. Je ne sais pas combien **(12)** _____ jours on va rester. Le temps n'est pas mal – il y a **(13)** _____ vent mais il fait **(14)** _____ soleil. Malheureusement on est loin **(15)** _____ rivière. Comme tu vois, on n'a pas **(16)** _____ chance! A bientôt!

Benjamin

## EXERCICE C   ○ ○ ○

*Ecrivez les trois phrases dans chaque tableau.*
**Exemple**

| 1 | Est-ce que tu as de l'argent? Je ... |
|---|---|

| 1 | Est-ce que tu as<br>Je n'ai pas<br>On a assez | argent (?). |
|---|---|---|

| 2 | Céline est assise à côté<br>Partout en ville il y a<br>Je vais acheter | fleurs. |
|---|---|---|

| 3 | J'ai trop<br>Tu veux encore<br>Julien n'a pas | viande. |
|---|---|---|

| 4 | Benjamin est le fils<br>Aujourd'hui on n'a pas<br>Ne t'assieds pas en face | professeur. |
|---|---|---|

| 5 | Quel est le nom<br>On habite tout près<br>Demain il n'y a pas | école (?). |
|---|---|---|

| 6 | Quel est le prix<br>Donnez-moi un kilo<br>Moi, je n'aime pas* | pommes (?). |
|---|---|---|

* attention!

# The preposition *à: au, à la, aux*

## What you need to know

**1** ***A* meaning 'to', 'at', 'in' or 'on'**

The word *à* usually means 'to' or 'at', 'in' (e.g. in a town) or 'on' (e.g. on the computer):

*Nous allons **à** Paris.*  We are going **to** Paris.
*Elle habite **à** Nantes.*  She lives **in** Nantes.

If you use the word for 'the' (i.e. the definite article) after it, certain changes occur:

| | | | | |
|---|---|---|---|---|
| *à + le* | = | *au* | → | ***au** stade* |
| *à + la* | = | *à la* | → | ***à la** piscine* |
| *à + l'* | = | *à l'* | → | ***à l'** école* |
| *à + les* | = | *aux* | → | ***aux** magasins* |

But don't be tempted to say *au le* or *à le* – they don't exist!

## Thinking it through

How to say 'to the' or 'at the':

**Is the noun singular or plural?**

→ **Singular**

→ **Plural** → Use *aux*

Singular:
**Does it begin with 'h' or a vowel?**

→ **Yes** → Use *à l'*

→ **No** → **Is it masculine or feminine?**

→ **Masculine** → Use *au*

→ **Feminine** → Use *à la*

14

## EXERCICE A

*Voici une liste de huit personnes et le travail qu'elles font.*

1 M. Rouanet est boulanger.
2 M. Fabre est mécanicien.
3 Mme Derain est institutrice.
4 M. Grégoire est professeur.
5 M. Favorel est agriculteur.
6 Mme Péron est médecin.
7 Mme Jalabert est serveuse.
8 Mme Martinez est secrétaire.

*Voici où ils travaillent:*

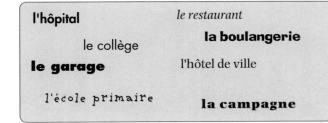

l'hôpital            le restaurant

le collège                 **la boulangerie**

**le garage**          l'hôtel de ville

l'école primaire              **la campagne**

*Mais qui travaille où?*

**Exemple**
1 M. Rouanet travaille à la boulangerie.

## EXERCICE B  FORMATION EXAMEN

*Votre correspondant/votre correspondante vous a écrit:*

<<Je vois que dans ta ville il y a un stade, une piscine, un terrain de jeux, une maison des jeunes, des courts de tennis, un cinéma et un centre sportif. Tu y vas souvent?>>

*Ecrivez une réponse, en utilisant les phrases:*

| Je vais souvent<br>Je ne vais pas souvent<br>Je ne vais jamais | au/à la/à l'/aux … |
|---|---|

**Exemple**
Je ne vais pas souvent à la piscine.

## What you need to know

**2  Expressions using à**
There are a number of other expressions which are followed by *à*, which we wouldn't translate into English by 'to' or 'at'. The commonest are:

| | |
|---|---|
| *avoir mal à* | to hurt |
| *J'ai mal **à la** tête.* | I've got a headache. |
| | |
| *s'intéresser à* | to be interested in |
| *Je m'intéresse **au** sport.* | I'm interested in sport. |

**Can you find four examples in the cartoon on page 14 of what Vincent is not interested in?**

## EXERCICE C

*Remplissez les blancs avec 'au', 'à l' ', 'à la' or 'aux'.*

Notre séjour (1) __à la__ montagne est terminé! Pascal

a mal (2) _____ jambes. Sébastien a mal (3) _____

dos. Julie a mal (4) _____ main. Véronique a mal

(5) _____ pied. Et moi, j'ai mal (6) _____ gorge et mal

(7) _____ yeux. A part ça, c'était super!

## EXERCICE D  FORMATION EXAMEN

*Votre correspondant/votre correspondante vous a demandé:*

<<Est-ce que tu t'intéresses aux choses suivantes?

l'informatique, la musique classique, les animaux, l'équitation, le judo, l'athlétisme, les jeux de cartes, la danse, le cyclisme, l'écologie, les actualités.>>

*Ecrivez une réponse, en utilisant les phrases:*

| Je m'intéresse beaucoup<br>Je m'intéresse un peu<br>Je ne m'intéresse pas du tout | au/à la/à l'/aux … |
|---|---|

## Possessive adjectives: *mon*, *ma*, *mes*, etc.

### What you need to know

**1  *Mon, ma, mes***

There are three words for 'my' in French: *mon*, *ma* and *mes*.

Which word you have to use depends upon the noun it is with.

| | | |
|---|---|---|
| *mon* | is for a masculine, singular noun: | **mon** corps |
| *ma** | is for a feminine singular noun: | **ma** vie |
| *mes* | is for a plural noun, masculine | **mes** copains/ |
| | or feminine: | **mes** copines |

*But if the noun is feminine and begins with a vowel or 'h', use *mon*:
**mon** adolescence.

**The cartoon shows you some examples of the possessive adjectives in use.**

### Thinking it through

| Is the noun singular or plural? |
|---|

| Singular | Plural |
|---|---|

| | Use *mes* |
|---|---|

| Is it masculine or feminine? |
|---|

| Masculine | Feminine |
|---|---|

| Use *mon* | Use *ma* (unless the noun begins with a vowel or an 'h', then use *mon* |
|---|---|

What if you don't know whether a word's masculine or feminine? If you're writing, you'll need to look it up. If you get it wrong when you're speaking – people will still understand you!

## EXERCICE A

*Jeanne décrit son année. Remplissez les blancs par 'mon', 'ma' ou 'mes'.*

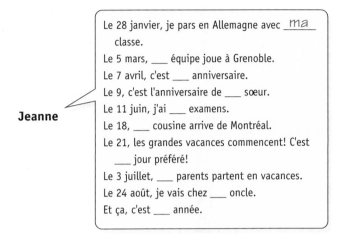

**Jeanne**

Le 28 janvier, je pars en Allemagne avec _ma_ classe.

Le 5 mars, ___ équipe joue à Grenoble.

Le 7 avril, c'est ___ anniversaire.

Le 9, c'est l'anniversaire de ___ sœur.

Le 11 juin, j'ai ___ examens.

Le 18, ___ cousine arrive de Montréal.

Le 21, les grandes vacances commencent! C'est ___ jour préféré!

Le 3 juillet, ___ parents partent en vacances.

Le 24 août, je vais chez ___ oncle.

Et ça, c'est ___ année.

## EXERCICE B   FORMATION EXAMEN

*Un ami français vous a posé ces questions dans une lettre. Ecrivez votre réponse.*

<<Comment s'appellent ton oncle et ta tante? Et tes cousins, comment s'appellent-ils? Ecris-moi aussi le nom de ton équipe préférée.>>

**Exemple**
Mon oncle s'appelle Clive, ...

## EXERCICE C

*Vous envoyez trois photos à un ami: une de votre famille, une de votre maison/votre appartement, et une de votre chambre. Ecrivez six phrases pour commenter les photos.*

**Exemple**
Ça, au milieu de la famille, c'est mon chien ...
Là, en haut, c'est ma chambre ...

## What you need to know

**2   Ton, ta, tes**
Remember that there are two words for 'you' in French: *tu* and *vous* (see page 35). If you are using *tu*, then the word for 'your' will be *ton*, *ta* or *tes*.

These work just the same as the words for 'my':

| | | |
|---|---|---|
| *ton* | is for a masculine, singular noun: | **ton** *corps* |
| *ta** | is for a feminine, singular noun: | **ta** *vie* |
| *tes* | is for a plural noun, masculine or feminine: | **tes** *copains/* **tes** *copines* |

* But if the noun is feminine and begins with a vowel or 'h', use *ton*:
**ton** *adolescence.*

## EXERCICE D

*'Ton', 'ta' ou 'tes'? Remplissez les blancs.*

**Exemple**
1   Range **ta** chambre!

1   Range t___ chambre!
2   Mets t___ affaires dans le placard!
3   Ramasse t___ magazines!
4   Fais t___ lit!
5   Et range t___ bureau!

## EXERCICE E

*Vous revenez d'un séjour de camping avec un copain. En arrivant chez vous, vous découvrez que vous avez plusieurs choses qui sont à lui, et que lui, il a plusieurs choses qui sont à vous! Ecrivez-lui un message pour expliquer la confusion.*

**Exemple**
Chère Mélanie,

Ça va? Est-ce que tu as mes lunettes de soleil dans ton sac? Moi, j'ai ton ...

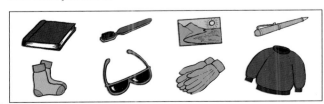

# Possessive adjectives: *mon, ma, mes,* etc.

**3 *Son, sa, ses***

The word for 'his', 'her' or 'its' is either *son, sa* or *ses*, depending on the noun that follows it. So *son nom* does not necessarily mean 'his name'. It can mean 'her name' or 'its name', too. The word *son* is there because *nom* is a masculine singular noun – it tells you nothing about whom the name belongs to.

In the same way, *sa photo* can mean 'his photo', 'her photo' or 'its photo'. It is the thing that is owned which determines whether you use *son, sa* or *ses*, not the person who owns it:

| | | |
|---|---|---|
| *son* | is for a masculine, singular noun: | **son** *corps* |
| *sa** | is for a feminine, singular noun: | **sa** *vie* |
| *ses* | is for a plural noun, masculine or feminine: | **ses** *copains/* **ses** *copines* |

*But if the noun is feminine and begins with a vowel or 'h', use *son*:
**son** *adolescence.*

## EXERCICE F

*'Son', 'sa' ou 'ses'? Remplissez les blancs dans cette publicité pour la ville de Marignac.*

**Exemple**
**son** lac

**Marignac**

s___ lac, s__ rivière,
s___ marché,
s___ artisans

s___ centre-ville historique
avec s__ vieilles rues,

s___ hôtels,
s__ restaurants,
s___ piscine,
s___ musée

s___ terrain de tennis,
s___ randonnées,
s___ calme.

**4 *Notre(s), votre(s), leur(s)***

The French for 'our', 'your' (polite and plural) and 'their'. For these, you use the same word whether the noun is masculine or feminine – and for the plural, just add an '-s':

| | Masculine/Feminine singular | Plural |
|---|---|---|
| our | *notre* | *nos* |
| your (polite and plural) | *votre* | *vos* |
| their | *leur* | *leurs* |

## EXERCICE G

*Complétez les adjectifs possessifs dans cette lettre à deux sœurs.*
**Exemple**

Chères Isabelle et Sandrine

Merci pour **(1)** ___*votre*___ lettre et **(2)** v___ nouvelles. **(3)** V___ père doit êre content de **(4)** s__ nouvel emploi! Vous avez de la chance de faire **(5)** v___ voyage scolaire en Italie! **(6)** N___ prof ne veut pas aller si loin! **(7)** S__ idée est d'aller à Grenoble, mais il y a des élèves dans **(8)** n___ classe qui ont **(9)** l___ propres idées!

Est-ce que vous allez à **(10)** v___ maison de campagne cet été? Nous allons passer **(11)** n___ vacances en Provence, chez **(12)** n___ tante.

Grosses bises

Claire et Lucy

*For a magazine competition you have to send off the following information about yourself:*

- your favourite subject
- your favourite groups
- your favourite town
- your favourite sport
- your favourite meal

*Give the same information about one of your friends.*
Exemple
Ma matière préférée, c'est la géographie, ...

List all the possessive adjectives you can find in this cartoon, together with their nouns.

Exemple
mon rêve

**How many are there in all? Check that you understand why each one takes the form it does.**

## What you need to know

The French for 'this' or 'that', 'these' or 'those', depends upon the noun it is with:

| | | |
|---|---|---|
| ce* | is for a masculine, singular noun: | *ce soir* |
| cette | is for a feminine singular noun: | *cette semaine* |
| ces | is for a plural noun, masculine or feminine: | *ces jours/ces personnes* |

\* But if the noun is masculine and begins with vowel or the letter 'h', use *cet*: **cet** *après-midi* (this is because *ce après-midi* doesn't sound good!).

*Ce* and *cette* – 'this' or 'that'.     *Ces* – 'these' or 'those'.

## Thinking it through

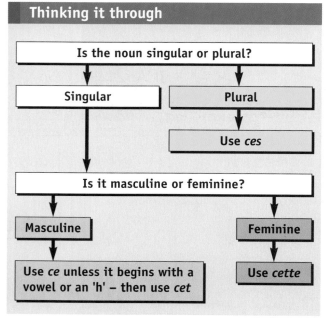

**Is the noun singular or plural?**

**Singular**

**Plural**

**Use *ces***

**Is it masculine or feminine?**

**Masculine**

**Feminine**

**Use *ce* unless it begins with a vowel or an 'h' – then use *cet***

**Use *cette***

## EXERCICE A

'Ce', 'cet', 'cette' ou 'ces'? Remplissez les blancs sur le bulletin de Jean-Paul.

| | |
|---|---|
| **Français** | Jean-Paul a fait un effort _ce_ trimestre. |
| **Maths** | ___ élève a de gros difficultés. |
| **Histoire-géo** | Pas de travail ___ année. |
| **Sciences nat** | Jean-Paul ne comprend rien à ___ sujet. |
| **Physique** | ___ résultats sont très décevants. |
| **Anglais** | ___ note ne suffit pas. |
| **EPS** | Bien. Il est évident que Jean-Paul aime ___ matière. |

## What you need to know

The word for 'which' or 'what' changes its spelling (though not its sound) depending on the noun that follows it:

|  | **Singular** | **Plural** |
|---|---|---|
| Masculine | *quel* | *quels* |
| Feminine | *quelle* | *quelles* |

**EXERCICE A**  FORMATION EXAMEN

*Dans une lettre à son correspondant anglais, Jean-Paul écrit:*

<<Voici les réponses à tes questions. Chez nous, les cours commencent à huit heures. Ils terminent à dix-sept  heures. Cette année, mon jour préféré est mardi. Mes matières préférées sont le sport et le français. J'ai anglais tous les jours sauf le jeudi.>>

*A quelles questions répond-t-il? Ecrivez les questions, en utilisant le mot 'quel', 'quelle', 'quels' ou 'quelles' à chaque fois.*

**Exemple** A quelle heure commencent les cours chez toi?

**EXERCICE B**  FORMATION EXAMEN

*Vous écrivez à une nouvelle correspondante. Vous voudriez savoir:*

* la région où elle habite.
* les marques de vêtements qu'elle aime.
* les sports qu'elle pratique.
* le genre de musique qu'elle préfère.
* les pays qu'elle a visités.
* les films qu'elle préfère.

*Ecrivez les questions, en utilisant le mot 'quel', 'quelle', 'quels' ou 'quelles'.*

**Exemple** Tu habites quelle région?

21

## What you need to know

**1 Position of adjectives – after the noun**

In English, when we put an adjective with a noun, the adjective comes first:

a **perfect** world

In French, most adjectives come after the noun:

*un monde **parfait***

**2 Agreement of adjectives**

All adjectives change their endings depending upon the noun they are describing. Look at the four different spellings of the word *américain* in the cartoon:

| | |
|---|---|
| masculine singular | *américain* |
| feminine singular (add '-e') | *américaine* |
| masculine plural (add '-s') | *américains* |
| feminine plural (add '-es') | *américaines* |

When an adjective changes its spelling like this, it is said to 'agree with' the noun.

But note that if an adjective already ends in *'-e'*, you do not add an extra '*e*' in the feminine:

| | |
|---|---|
| *horrible, ridicule, pauvre* | (adjectives ending in -*e*) |
| *un repas horrible* | (with masculine noun) |
| *une boisson horrible* | (with feminine noun – no extra '-*e*' added) |

And similarly, if an adjective ends in '-*s*', you do not add an extra '-*s*' in the plural for masculine nouns, but you still have to add '-*es*' for feminine nouns:

| | |
|---|---|
| *anglais, français, gris* | (adjectives ending in -*s*) |
| *les cheveux gris* | (with masculine plural noun – no extra '-*s*' added) |
| *des filles françaises* | (with plural noun – extra '-*es*' added) |

But if an adjective ends in '-*é*' (with an accent), the feminine does add an extra '-*e*':

| | |
|---|---|
| *un homme fatigué* | (with masculine noun) |
| *une fille fatiguée* | (with feminine noun – extra '-*e*' added). |

## Thinking it through

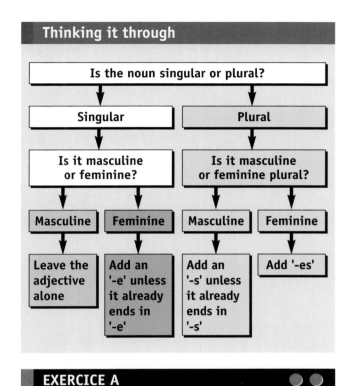

Is the noun singular or plural?

| Singular | Plural |
|---|---|

| Is it masculine or feminine? | Is it masculine or feminine plural? |
|---|---|

| Masculine | Feminine | Masculine | Feminine |
|---|---|---|---|
| Leave the adjective alone | Add an '-e' unless it already ends in '-e' | Add an '-s' unless it already ends in '-s' | Add '-es' |

### EXERCICE A ● ●

*Complétez cette description des gens dans la bande dessinée.*
*Utilisez les adjectifs 'blanc', 'noir', 'rouge', 'bleu', 'vert',*
*'jaune', 'gris', 'brun' ou 'blond'.*
*Attention de mettre la bonne forme de l'adjectif à chaque fois!*

**Exemple**
Sophie a les cheveux blonds. Elle porte un jean __bleu__,
un T-shirt ___ et des chaussures ___.

Julien porte un pantalon ___, une chemise ___ et des
baskets ___.

Henry a les cheveux ___. Il porte une veste ___, un jean
___ et une chemise ___ avec des chaussures ___ et ___.

### EXERCICE B ● ●

*Julien a fait le rapport d'une sortie de classe. Le prof lui a*
*demandé d'ajouter quelques adjectifs là où il a souligné des*
*mots.*
*Faites-le pour lui! Les adjectifs sont en bas, dans le bon ordre.*
*A vous de les adapter!*

On a passé une journée dans le centre de
Nîmes. Le matin, on s'est promené dans les
rues. Puis on a visité les arènes et le temple. Le
soir on a mangé dans une cafétéria. J'ai
mangé un hamburger avec des frites.

| intéressant | historique | étroit |
|---|---|---|
| romain | remarquable | moche | froid |

**Exemple**
On a passé une journée **intéressante** ...

### EXERCICE C ● ● ●

*Votre correspondant/votre correspondante vous a demandé*
*de décrire votre meilleur copain/votre meilleure copine.*
*Décrivez-le/la en parlant de sa taille, de ses cheveux, de la*
*couleur de ses yeux, des vêtements qu'il/elle aime porter et,*
*bien sûr, de sa personnalité.*

**Exemple**
Mon meilleur copain s'appelle Nick. Il a les cheveux
noirs ...

23

# Agreement of adjectives

## 3 Changes of spelling

Some adjectives have other changes of spelling in the feminine and plural. They can be divided into four types:

|  | Ending in '-eux' | Ending in '-er' | Ending in '-on' | Ending in '-en', '-il' or '-f' |
|---|---|---|---|---|
| Masc. sing. | délicieux | cher | bon | sportif |
| Fem. sing. | délicieuse | chère | bonne | sportive |
| Masc. plural | délicieux | chers | bons | sportifs |
| Fem. plural | délicieuses | chères | bonnes | sportives |
|  |  |  |  |  |
| Other examples | sérieux | premier | mignon | moyen |
| (all given as | heureux | dernier |  | actif |
| masc. sing.) | dangereux |  |  | neuf |
|  | ennuyeux |  |  | italien |
|  |  |  |  | gentil |

## EXERCICE D

*Complétez cette carte postale de Romain, en mettant la bonne forme de des adjectifs donnés.*

**Exemple**

Me voici en Angleterre! Salisbury est une ville **moyenne**.

> Me voici en Angleterre! Salisbury est une ville (moyen). Elle est très (joli). Les gens sont très (gentil) et la nourriture est (bon). Les vêtements sont (cher), mais les bonbons ne sont pas (cher) du tout. Hier on a fait des visites un peu (ennuyeux), mais le soir on a mangé une pizza (délicieux). Et j'ai rencontré une super fille (anglais). Elle est (premier) dans sa classe en français! Pratique, hein? A bientôt.
>
> Romain

## What you need to know

## 4 Position of adjectives – before the noun

Although most adjectives come after the noun (see page 22), certain adjectives come before the noun, as they do in English:

un **petit** magasin     une **bonne** idée

There aren't many of them, but they are adjectives which are very common (and notice that many of them are opposites, which will help you learn them):

| | | | |
|---|---|---|---|
| bon | good, right | grand | big |
| petit | small | vieux | old |
| jeune | young | dernier | last |
| premier | first | beau | beautiful, |
| nouveau | new | | handsome |
| joli | pretty | gentil | kind, nice |
| pauvre | poor | gros | big, fat |
| autre | other | excellent | excellent |
| mauvais | bad, wrong | | |

Sometimes, therefore, a noun will have one adjective before it and one after it:

Elle a un **bon** accent **français**.     She has a good French accent.

24

## EXERCICE E  ●●

*Remettez ces phrases dans l'ordre.*

**Exemple**

1  J'ai un petit chat noir.

1  chat j'ai noir un petit
2  c'est film italien vieux un
3  monsieur une américaine voiture a Rossi grosse
4  sportif est grand garçon un David
5  est petit bon joueur ton frère un

### What you need to know

**5  Irregular adjectives**

The following adjectives are irregular (i.e. they do not follow the normal pattern of adjectival agreement). They therefore need to be learnt by heart.

| Meaning | Masc. sing. | Fem. sing. | Masc. plural | Fem. plural |
|---------|-------------|------------|--------------|-------------|
| old | *vieux** | *vieille* | *vieux* | *vieilles* |
| new | *nouveau** | *nouvelle* | *nouveaux* | *nouvelles* |
| beautiful | *beau** | *belle* | *beaux* | *belles* |
| white | *blanc* | *blanche* | *blancs* | *blanches* |
| long | *long* | *longue* | *longs* | *longues* |
| all | *tout* | *toute* | *tous* | *toutes* |

\* Note that before a vowel or 'h', the masculine singulars *vieux, nouveau* and *beau* become *vieil, nouvel* and *bel*.

| | |
|---|---|
| *un **vieil** ami* | an old friend |
| *un **nouvel** élève* | a new pupil |
| *un **bel** après-midi* | a nice afternoon |

There are even a few adjectives that mean something different depending whether they come before or after a noun:

| before | after |
|--------|-------|
| *sa **propre** maison* <br> his/her own house | *une maison **propre*** <br> a clean house |
| *la **même** maison* <br> the same house | *la maison **même*** <br> the house itself |

## EXERCICE F  **FORMATION EXAMEN** ●●●

*Vous avez perdu un sac qui contient les objets suivants:*

- un appareil photo
- un passeport
- une écharpe
- une porte-feuille
- des billets
- un parapluie.

*Faites une description exacte de ces objets pour la police.*

**Exemple**

C'est un sac brun qui contient ...

## EXERCICE G  ●●

*Romain rencontre Jean-Paul en ville. Ajoutez les adjectifs marqués au bon endroit et dans la bonne forme.*

**Exemple**

**Jean-Paul:**  Salut! Tu as vu ma **nouvelle** moto?

**Jean-Paul:**  Salut! Tu as vu ma moto? *(nouveau)*

**Romain:**  C'est la moto là-bas? *(gros, rouge)*

**Jean-Paul:**  Non, c'est la moto derrière. *(gris, vieux)*

**Romain:**  Mais tu voulais une moto, n'est-ce pas? *(neuf)*

**Jean-Paul:**  Oui, mais les motos sont trop. *(neuf) (cher)*

**Romain:**  Elle n'est pas trop. *(vieux)* Elle marche bien?

**Jean-Paul:**  J'ai un problème. *(technique, petit)*. Mais c'est la fois. *(premier)*

## EXERCICE H  **FORMATION EXAMEN** ●●●

*Imaginez que vous avez déménagé. Répondez aux questions de votre correspondant/votre correspondante.*

<<Comment est la maison? Il y a un jardin? Comment est-il? Et comment est ta chambre? Et les voisins? Et ton nouveau collège? Raconte-moi tout!>>

**Exemple**

Ma nouvelle maison est assez petite. Elle a ...

# Comparison of adjectives

## What you need to know

### 1 Comparative of adjectives

If you say that one thing is 'bigger' or 'more expensive' than another, you are using the **comparative** form of the adjective. In English we add '-er' to short adjectives, e.g.: big – bigger; old – older. But with longer adjectives we use the word 'more': expensive – more expensive; exciting – more exciting. All comparatives in French follow this second sort of pattern: you use the word *plus* followed by the adjective:

| | |
|---|---|
| ***plus** intelligent* | **more** intelligent |
| ***plus** âgé* | old**er** |

Remember to make the adjective agree with the noun it is describing, e.g.:
*Ma fille est plus grande que mon fils.*

### 2 Superlative of adjectives

If you say that one thing is 'the biggest' or 'the most expensive', this is called the **superlative**.

Superlatives in French consist of either *le, la* or *les* followed by the word *plus*, with the adjective afterwards:

| | |
|---|---|
| ***le plus** beau* | the handsomest |
| ***la plus** importante* | the most important |

As with the comparative, adjectives in the superlative form 'agree' with the noun in the usual way:

***la chose** la plus importante* (*chose* = feminine singular)

An adjective which usually goes **after** the noun will also go after it in the superlative:

| | |
|---|---|
| *la\* chose **la\* plus*** | (adjective in the |
| ***importante*** | superlative after the noun) |

\* Notice the repetition of the article (*la*) in this example.

An adjective which usually goes **before** the noun will also go before it in the superlative:

| | |
|---|---|
| ***le\* plus beau garçon*** | (common adjective in the |
| | superlative before the noun) |

\* Here the article (*le*) does not have to be repeated.

Note this exception:

*meilleur* – better    *le/la/les meilleur(e/s)* – the best

26

## Thinking it through

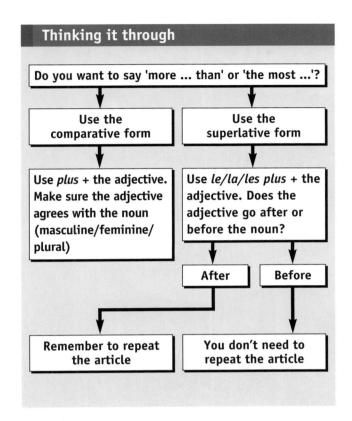

Do you want to say 'more ... than' or 'the most ...'?

**Use the comparative form**

**Use the superlative form**

**Use *plus* + the adjective. Make sure the adjective agrees with the noun (masculine/feminine/plural)**

**Use *le/la/les plus* + the adjective. Does the adjective go after or before the noun?**

**After**   **Before**

**Remember to repeat the article**   **You don't need to repeat the article**

## EXERCICE A

*(Sur les comparatifs)*

*Lisez le tableau, puis reliez les phrases.*

| Prénom | Sophie | Romain | Fred | Mélodie |
|---|---|---|---|---|
| Age | 14 | 15 | 14 | 15 |
| Taille | 1m52 | 1m60 | 1m55 | 1m50 |
| Sportif? | pas très | non | assez | très |
| Nombre de personnes dans la famille | 5 | 4 | 4 | 3 |

**Exemple**

1 Mélodie est plus âgée que Fred.

1 Mélodie est plus    petite que Fred.
2 Sophie est plus    grand que Mélodie.
3 Fred est plus    âgée que Fred.
4 Romain est plus    petit que Romain.

## EXERCICE B

*(Sur les comparatifs)*

*Lisez le tableau encore, puis remplissez les blancs, en choisissant un adjectif dans la liste.*

**Exemple**

1 Romain et Mélodie sont plus **âgés que** Fred.

1 Romain et Mélodie sont plus ___ que Fred.
2 Sophie est plus ___ que Fred.
3 Fred est plus ___ que Sophie.
4 Mélodie est plus ___ que Sophie.
5 Fred est plus ___ que Romain.
6 Sophie a une plus ___ famille que les autres.

**grand**   *grande*   *petite*   **sportif**   sportive   ***âgés***

## EXERCICE C

*(Sur les superlatifs)*

*Julien invente un quiz sur les records du monde. Formulez les questions. Attention au positionnement de l'adjectif!*

**Exemple**

1 Comment s'appelle le fleuve **le plus long** du monde?

1 Comment s'appelle le fleuve? *(long)*
2 Quel est l'animal? *(rapide)*
3 Quelle est l'île? *(grande)*
4 Qui est la personne? *(riche)*
5 Où se trouve l'arbre? *(haut)*
6 Quel est le métro? *(vieux)*
7 Quelle est l'équipe de foot? *(meilleure)*

## EXERCICE D   FORMATION EXAMEN

*Répondez à ces questions que votre correpondant/votre correspondante vous a posées.*

<<Est-ce qu'il y a de grandes villes près de chez toi? Quelle est la plus grande? Et quelle est la plus vieille? Toi, tu préfères la ville ou la campagne? Dis-moi pourquoi.>>

**Exemple**

Non, il n'y a pas de grandes villes près de chez moi ... Je préfères ... parce que c'est plus. ...

27

# Lequel?, Laquelle?; celui, celle, etc.

## What you need to know

**1** **Lequel?, Laquelle?, etc.**

The word for 'which one?' or 'which ones?' changes depending on the noun it refers to:

|  | Singular | Plural |
|---|---|---|
| Masculine | *lequel?* | *laquelle?* |
| Feminine | *lesquels?* | *lesquelles?* |

## EXERCICE A

*Choisissez la bonne forme du mot à chaque fois.*
**Exemple**
**1** Lequel?

**1** Pssst! Passe-moi le livre.    L___?
**2** Passe-moi la fiche.    L___?
**3** Passe-moi ce crayon.    L___?
**4** Passe-moi tes notes.    L___?
**5** Passe-moi des feutres.    L___?
**6** Passe-moi les réponses.    L___?

## EXERCICE B

*Julien a écrit un devoir sur ses vacances. Mais le prof veut plus de détails. Qu'est-ce qu'il écrit dans la marge?*

| Exemple | |
|---|---|
| lesquels? | J'ai visité deux pays cet été. |
| ___? | J'ai beaucoup aimé une des capitales. |
| ___? | On a visité un château. Les gens s'y |
| ___? | refugiaient pendant la guerre. |
| ___? | J'ai ramené des specialités pour la famille. |

## What you need to know

**2** **Celui, celle, etc.**

|  | That one | This one | Those | These |
|---|---|---|---|---|
| Masc. | *celui-là* | *celui-ci* | *ceux-là* | *ceux-ci* |
| Fem. | *celle-là* | *celle-ci* | *celles-là* | *celles-ci* |

## What you need to know

There are two ways in French of saying 'it's mine', 'it's yours', etc.

**1** The easiest is:

| | |
|---|---|
| *C'est à moi* | It's mine |
| *C'est à toi* | It's yours (singular) |
| *C'est à lui/elle* | It's his/hers |
| *C'est à nous* | It's ours |
| *C'est à vous* | It's yours (polite or plural) |
| *C'est à eux* | It's theirs (masculine) |
| *C'est à elles* | It's theirs (feminine) |
| *C'est à qui?* | Whose is it? |

You use the pronouns *moi*, *toi*, etc. after words like *chez*, *avec* and *pour* as well:

| | | | |
|---|---|---|---|
| *chez moi* | at my house | *avec toi* | with you |
| *pour lui* | for him | | |

**2** There is another way of saying 'mine', 'yours', etc. which is useful to. This is trickier than the first way, because the words depend upon the gender and number of the thing you are talking about: →

## EXERCICE A ● ●

*Remplacez les mots en italique par une des expressions 'à moi', 'à toi' etc.*

**1** Ce livre est à Julien. Le cahier aussi est __à lui__ .
**2** Ça, c'est ma chemise. Le T-shirt aussi est ___.
**3** Voilà la maison de Nadia. La voiture aussi est ___.
**4** Ce sont nos chaussures. Les serviettes aussi sont ___.
**5** Ces cartables sont à Romain et à Jean-Paul. Ces sacs aussi sont ___.
**6** Voici votre billet. L'enveloppe aussi est ___.
**7** C'est le travail de Sophie et Céline. Les crayons aussi sont ___.

| Meaning | Masc. sing. | Fem. sing. | Masc. plural | Fem. plural |
|---|---|---|---|---|
| mine | *le mien* | *la mienne* | *les miens* | *les miennes* |
| yours | *le tien* | *la tienne* | *les tiens* | *les tiennes* |
| his/hers/its | *le sien* | *la sienne* | *les siens* | *les siennes* |
| ours | *le nôtre* | *la nôtre* | *les nôtres* | *les nôtres* |
| yours | *le vôtre* | *la vôtre* | *les vôtres* | *les vôtres* |
| theirs | *le leur* | *la leur* | *les leurs* | *les leurs* |

# Masculine and feminine, singular and plural

Everything dealt with so far is about changes that occur because of gender (masculine/feminine) and number (singular/plural). The table below provides a summary.

| Grammatical term/ (meaning) | Masc. singular | Fem. singular | Masc. plural | Fem. plural | Special cases |
|---|---|---|---|---|---|
| definite article (the) | le | la | les | les | l' in singular if noun starts with vowel or 'h' |
| indefinite article (a/an) | un | une | – | – | Not needed when describing jobs |
| partitive article (some/any/ of the) | du | de la | des | des | • de l' in singular if noun with vowel or 'h' • all change to de after a negative |
| preposition à (to the/at the) | au | à la | aux | aux | à l' in singular if noun starts with vowel or 'h' |
| possessive adjective (my) | mon | ma | mes | mes | mon if fem. noun starts with vowel or 'h' |
| (your) | ton | ta | tes | tes | ton if fem. noun starts with vowel or 'h' |
| (his/her/its) | son | sa | ses | ses | son if fem. noun starts with vowel or 'h' |
| (our) | notre | notre | nos | nos | |
| (your) | votre | votre | vos | vos | |
| (their) | leur | leur | leurs | leurs | |
| demonstrative adjective (this, that) | ce | cette | ces | ces | cet if masc. noun starts with vowel or 'h' |
| interrogative adjective (which ...?) | quel | quelle | quels | quelles | |
| adjective (black) | noir | noire | noirs | noires | normally placed after noun, but some common ones placed before |
| comparative adjective (blacker) | plus noir | plus noire | plus noirs | plus noires | |
| superlative adjective (the blackest) | le plus noir | la plus noire | les plus noirs | les plus noires | follow same pattern as ordinary adjectives after/before noun |
| interrogative pronoun (which one?) | lequel? | laquelle? | lesquels? | lesquelles? | |
| demonstrative pronoun (that one/ those ones) | celui-là | celle-là | ceux-là | celles-là | or -ci to mean 'this one', 'these ones' |
| possessive pronoun (mine) | le mien | la mienne | les miens | les miennes | |
| (yours) | le tien | la tienne | les tiens | les tiennes | |
| (his/hers/its) | le sien | la sienne | les siens | les siennes | |
| (ours) | le nôtre | la nôtre | les nôtres | les nôtres | |
| (yours) | le vôtre | la vôtre | les vôtres | les vôtres | |
| (theirs) | le leur | la leur | les leurs | les leurs | |

**Look at the table on page 30. Which of the words in the table appear in the cartoon?**
**Make a list and next to each one write:**

- **its meaning**
- **whether it is masculine or feminine, singular or plural**

N.B. In the table the word *noir* is given as an example of an adjective.
In your list, include all the adjectives that appear.

# Qui, que; ce qui, ce que

## What you need to know

### 1 *Qui* and *que*

*Qui* and *que* both mean several different things in French. Look at the following examples:

| | |
|---|---|
| *Qui est là?* | **Who's** there? |
| *Que fais-tu?* | **What** are you doing? |
| *Je crois **que** c'est lui.* | I think **that** it's him. |

But they also translate the English 'who', 'which' and 'that' when these words follow a noun. For example:

| | |
|---|---|
| *une chose **que** je déteste* | a thing **that** I hate |
| *les gens **qui** sont racistes* | people **that** are racist |

*Qui*, when it's used like this, can mean 'which' or 'who'. So can *que*. So how do you know which to use?

Use *qui* if it is followed directly by a verb (in other words, if it is the subject of the verb):

| | | **verb** | |
|---|---|---|---|
| *les gens* | *qui* | *sont* | *racistes* |

Use *que* if there is another noun or pronoun between it and the verb (in other words, if it's the object of the verb):

| | | **pronoun** | **verb** |
|---|---|---|---|
| *une chose* | *que* | *je* | *déteste* |

Remember that *que* will change to *qu'* before a vowel or an 'h', e.g.:

*Le gâteau **qu'**on a mangé n'était pas bon.*

Note that we often leave out the words 'who', 'which' or 'that' in English.

It's a programme I always watch.
rather than
It's a programme **that** (or **which**) I always watch.

Here's a useful test: If you can leave out the word 'who', 'which' or 'that' in English, it's *que* in French! If you can't, it's *qui*.

**Try it with the examples in the cartoon.**

## Thinking it through

| Is the word directly after it a verb? |
|---|

| Yes | No, there is a noun or pronoun that comes between it and the verb |
|---|---|

| Use *qui* | |
|---|---|

| | Use *que* or *qu'* |
|---|---|

## EXERCICE A ● ●

*Remplissez les blancs avec 'qui' ou 'que'.*

**Exemple**

1 Un orang-outang est un singe __qui__ habite dans la jungle.
2 Cache-cache est un jeu ___ les enfants aiment jouer.
3 Toulouse est une ville ___ est dans le sud-ouest de la France.
4 Le TGV est un train ___ va très vite.
5 'Fort Boyard' est une émission ___ nous regardons toujours.
6 Jean-Paul est un garçon ___ les filles aiment bien.
7 Julien est le garçon ___ joue de la trompette.
8 Où est la moto ___ tu veux acheter?

## EXERCICE B ● ●

*Combinez les deux phrases en utilisant le mot 'qui' ou 'que'.*

**Exemple**

1 Mélodie a une mère et un père **qui** sont de vieux hippies.

1 Mélodie a une mère et un père. Ils sont de vieux hippies.
2 Ils habitent dans une ville. La ville n'est pas très grande.
3 'Faut pas rêver' est une émission. Je regarde toujours 'Faut pas rêver'.
4 Sophie a un petit frère. Je connais bien son petit frère.
5 Fred a une petite sœur. Elle est dans la même classe qu'Emilie.
6 Jean-Paul a un exercice. Il ne peut pas faire l'exercice.
7 Céline a un super livre. Le livre raconte l'histoire des Indiens.

## What you need to know

**2  *Ce qui* and *ce que***

Look at these sentences:

| **What** is he doing? | *Que fait-il?* | (Introducing a question) |
|---|---|---|
| **What** a pity! | *Quel dommage!* | (An exclamation) |
| Tell me **what** you want. | *Dis-moi **ce que** tu veux.* | (Meaning 'that **que** which') |

The word 'what' can be translated into French in these three ways. But which expression should you use?

When the word 'what' is not introducing a question or an exclamation, use *ce qui* or *ce que*:

• If the following word is a verb, use *ce qui* (as with *qui*). This means *ce qui* is the subject of the verb:

| **Subject** | **Verb** | |
|---|---|---|
| *Ce qui* | *est* | *le plus énervant...* |

• If there is a noun or pronoun that comes between it and the verb, use *ce que* (as with *que*). This means *ce que* is the object of the verb:

| **Object** | **Subject** | **Verb** |
|---|---|---|
| *Ce que* | *je* | *ne supporte pas ...* |

## EXERCICE C ● ●

*Remplissez les blancs.*

**Exemple**

1 Je sais __ce que__ tu penses.

1 Je sais ___ ___ tu penses.
2 ___ ___ ma mère n'aime pas, c'est le froid.
3 ___ ___ amuse ma mère, c'est ton attitude.
4 Montre-moi ___ ___ il a écrit.
5 Voici ___ ___ nous avons à manger.
6 Regardez ___ ___ passe à la télé!

**33**

# Verbs - introduction

**1   What is a verb?**

Verbs are commonly described as 'doing' words, but also include words such as 'was', 'have', 'knew', etc. They refer either to the past, the present or the future (i.e. **when** the 'doing' takes place). Within these categories, there are often different ways of talking about things. For example, in English you can say: 'I work in London' or 'I'm working in London'. These are different 'tenses' of the same verb 'to work', and both of these tenses describe what is happening in the present. Which tense you use will depend on exactly what you want to say.

In French verbs can also be in the past, the present or the future, but the actual tenses do not correspond exactly to those we have in English. The table below shows, in simplified form, how the English and French tenses match up.

| Talking about ... (When?) | English tense | French tense | Name of French tense | See pages ... |
|---|---|---|---|---|
| The present | I work | } *je travaille* | present | 36-45 |
|  | I am working | | | |
| The past | I worked | } *j'ai travaillé* | perfect | 56-63 |
|  | I have worked | | | |
|  | I used to work | } *je travaillais* | imperfect | 64-65 |
|  | I was working | | | |
| The future | I'm going to work | *je vais travailler* | simple future | 66-67 |
|  | I will work | *je travaillerai* | future | 68-69 |

**2   Regular and irregular verbs**

Verbs change according to when the action takes place and who is doing it. However, most verbs follow definite patterns, or 'rules'. One of the roles of grammar is to summarise these rules, so that whenever you meet a new verb, you know how to use it. Verbs which follow set patterns are called 'regular' verbs. Unfortunately, since languages evolve over long periods of time and continue to evolve and change, not all verbs fit neatly into these patterns. What's more, it's very often the most common verbs which 'do their own thing' (think of the verb 'to be' in English: 'I am', 'you are', 'he is' ...!). These are the verbs we call 'irregular', and the only way to know how they behave is to learn every part of them one by one! (See pages 74 and 75.)

**3   A note on 'persons'**

It's not enough to know **when** the action is taking place (i.e. past, present or future) or which tense within those categories to use. You also have to know **who** is doing the action (i.e. which 'person' – is it 'I'? Is it 'they'? Is it 'you'?). Don't be misled – the grammatical term 'person' can refer to things as well (e.g. **the rain clouds** descended – 'rain clouds' = third person plural).

## What you need to know

There are six grammatical 'persons' for each verb, and it's a tradition to list them as in the table below:

|  | Person | Meaning | Uses |
|---|---|---|---|
| **Sing.** | 1 *je* | I | talking about yourself |
|  | 2 *tu* | you | singular: used when speaking to one friend or relative |
|  | 3 *il* | he (or 'it') | referring to a male person or thing |
|  | *elle* | she (or 'it') | referring to a female person or thing |
|  | *on* | one | often used to mean 'we' (*Qu'est-ce qu'on fait?* = What shall we do?) It also means 'you' or 'they' when you're generalising (*On ne peut pas faire ça.* = You can't do that. / *On parle français en Guadeloupe.* = They speak French in Guadeloupe.) |
| **Plural** | 1 *nous* | we | talking about ourselves |
|  | 2 *vous* | you | • plural of *tu*: when speaking to more than one person<br>• polite (singular and plural): when speaking to someone who is not a friend or relative |
|  | 3 *ils* | they | referring to male persons or things |
|  | *elles* | they | referring to female persons or things |

The 'persons' in the table above are known in grammatical terms as 'personal pronouns'. But any noun or somebody's name can also be a grammatical 'person' as well. Ask yourself: 'If I replaced the noun or the name with a personal pronoun, which would it be?' Look at these examples:

### GRAMMATICAL 'PERSONS' – some examples

| Noun/ name | Equivalent pronoun | Person |
|---|---|---|
| *le prof* | *il* | 3rd person singular |
| *les filles* | *elles* | 3rd person plural |
| *Elsa et moi* | *nous* | 1st person plural |
| *tes parents* | *ils* | 3rd person plural |
| *Céline et toi* | *vous* | 2nd person plural |

### 4  The infinitive

Every verb has a basic form, which is often the starting point from which the various different parts are made. This form is known as the 'infinitive', and

if you look up any verb in a dictionary or wordlist, you will find it is given in its infinitive form. So, for example, if you look up 'runs' or 'ran', you will only find the infinitive form '(to) run'.

## Thinking it through

**Here are the questions you must ask yourself when you are working out what form a verb needs to take:**

* **Are you talking about the past, the present or the future? (i.e. When?)**

* **Which tense do you need? (Remember there is more than one option for past and future.)**

* **Is the verb you are using regular or irregular?**

* **Which 'person' do you need? (i.e. Who?)**

## What you need to know

### 1 Meaning

Unlike in English, there is only one form of the present tense in French, so 'I eat' or 'I am eating' are both translated in the same way: *Je mange* (see table on page 34).

### 2 Groups of regular verbs

There are three groups of regular verbs in French. As you know, verbs change according to when the action takes place, and who is doing it. Notice how the verb endings in the present tense change according to the 'person'.

#### Group 1: -er verbs

The vast majority of regular verbs are of this type, with their infinitive ending in *-er*, e.g.:

*regarder, trouver, manger, porter.*

Here is the pattern they follow:

\* These four sound exactly the same (the *-ent* of *regardent* is silent).

| je | regarde* |
|----|----------|
| tu | regardes* |
| il/elle/on | regarde* |
| nous | regardons |
| vous | regardez |
| ils/elles | regardent* |

Any regular *-er* verb you meet will follow this pattern in the present tense. But beware: *aller* ('to go') is irregular.

#### Group 2: -ir verbs

There are far fewer of these, whose infinitive ends in *-ir*. They include verbs like *finir, choisir, remplir, réussir* and *réfléchir*.
Here is the pattern they follow: →

| je | finis* |
|----|--------|
| tu | finis* |
| il/elle/on | finit* |
| nous | finissons |
| vous | finissez |
| ils/elles | finissent** |

\*  These three sound exactly the same.
\*\*  The -ent of *finissent* is silent.

Be careful: *partir*, *sortir* *venir* and *sentir* are all irregular.

### Group 3: -re verbs
A small group whose infinitive ends in -re, e.g.:

*descendre*, *attendre*, *entendre*, *répondre*, *perdre* and *vendre*.

Here is the pattern they follow:

| | |
|---|---|
| *je* | *descends\** |
| *tu* | *descends\** |
| *il/elle/on* | *descend\** |
| *nous* | *descendons* |
| *vous* | *descendez* |
| *ils/elles* | *descendent\*\** |

\*  These three sound exactly the same.
\*\*  The -ent of *descendent* is silent.

Be careful: *mettre*, *prendre*, *comprendre* and *apprendre* are all irregular.

### EXERCICE A ● ●

*('-er' verbs)*

Reliez les phrases en les recopiant.

**Exemple**
**1D** Qui joue au stade dimanche?

| | | | |
|---|---|---|---|
| **1** | Qui | **A** | regardons la télé. |
| **2** | Aujourd'hui tu | **B** | rentrent à dix-huit heures. |
| **3** | Mes parents | **C** | reste à la maison. |
| **4** | Vous | **D** | joue au stade dimanche? |
| **5** | Marion et moi | **E** | manges à la cantine. |
| **6** | Ce soir je | **F** | parlez très bien français. |

### EXERCICE B ● ●

*('-er' verbs)*

Ecrivez la bonne forme du verbe.

**Exemple**
Je **passe** sept jours ...

Salut Fred!

Je **(1)**(*passer*) sept jours ici chez ma tante et mon oncle. Ils **(2)**(*habiter*) dans un petit village. Ma tante **(3)**(*travailler*) à la poste. Mon oncle et moi **(4)**(*passer*) la journée à nous promener. Il **(5)**(*adorer*) ça! Le soir on **(6)**(*rester*) à la maison et je **(7)**(*regarder*) la télé, ou nous **(8)**(*jouer*) un jeu de société ensemble. Toi et ta sœur, vous **(9)**(*aimer*) ça aussi, n'est-ce pas? J'espère que tu **(10)**(*passer*) de bonnes vacances. A bientôt!

David

### EXERCICE C ● ●

*('-ir' and '-re' verbs)*

Complétez les verbes.

**Exemple**
1  J'attend <u>s</u>__ mes copines.
2  Nous descen____ du bus en centre-ville.
3  Romain et Jean-Paul chois____ un gâteau.
4  Tu fin____ cet exercice le plus vite possible.
5  Tout le monde rempl____ les blancs.
6  Tu ven____ ton scooter?
7  Je réfléch____ pour le prix.
8  Vous enten____ la musique?

### EXERCICE D  FORMATION EXAMEN ● ●

*('-er', '-ir' and '-re' verbs)*

Répondez à ces questions de votre correspondant/votre correspondante.

<<Dis-moi à quelle heure tu quittes la maison, arrives au collège, rentres le soir et finis tes devoirs. Si tu arrives tôt à l'école, vous attendez dedans ou dehors? Tu manges à la cantine à midi? Et tes copains?>>

**Exemple**  Je quitte la maison à ...

**3 Changes in spelling**

There are a number of verbs belonging to Group 1 (-*er* verbs) whose spelling changes slightly in certain 'persons'.

**i** Those which double a letter in all but the *nous* and *vous* parts of the verb, e.g. *appeler* (to call):

| | |
|---|---|
| j'appe**ll**e | nous appelons |
| tu appe**ll**es | vous appelez |
| il/elle appe**ll**e | ils/elles appe**ll**ent |

Another example of this type: *jeter* (to throw away): *je je**tt**e, nous jetons*.

**ii** Those which add or change an accent in all but the *nous* and *vous* parts of the verb, e.g. *acheter* (to buy):

| | |
|---|---|
| j'ach**è**te | nous achetons |
| tu ach**è**tes | vous achetez |
| il/elle ach**è**te | ils/elles ach**è**tent |

Other examples of this type:

*préférer* (to prefer): *je préf**è**re, nous préférons*
*espérer* (to hope): *j'esp**è**re, nous espérons*
*se lever* (to get up): *je me l**è**ve, nous nous levons*
*se promener* (to go for a walk): *je me prom**è**ne, nous nous promenons*

**iii** Those in which the 'y' changes to an 'i' in all but the the *nous* and *vous* parts of the verb, e.g. *essayer* (to try):

| | |
|---|---|
| j'ess**ai**e | nous essayons |
| tu ess**ai**es | vous essayez |
| il/elle ess**ai**e | ils/elles ess**ai**ent |

Other examples of this type:

*payer* (to pay): *je pa**i**e, nous payons*
*nettoyer* (to clean): *je netto**i**e, nous nettoyons*
*envoyer* (to send): *j'envo**i**e, nous envoyons*

## EXERCICE E

*Regardez le dessin en face. Que fait chaque personne? Utilisez les verbes suivants:*

> *monter (dans ...)*
> essayer (un chapeau)   **descendre (du ...)**
> *jeter (un bâton)*   *manger*
> **écouter**   *donner à manger (aux canards)*
> *nettoyer*   **parler**

**Exemple**
Un garçon mange un sandwich.

*Vous pouvez nommer les gens, si vous voulez!*

**Exemple**
Thomas mange un sandwich.

## EXERCICE G  FORMATION EXAMEN

*Votre correspondant/votre correspondante vous a posé des questions sur la vie dans votre pays. Ecrivez vos réponses (en phrases entières), puis posez vous-même quelques questions.*

<<Vous payez combien pour un coca là-bas? Combien coûtent une portion de frites et un hamburger? Tu achètes souvent des hamburgers? S'il y a le choix entre un hamburger et un repas traditionnel, qu'est-ce que vous choisissez, tes copains et toi? Est-ce qu'on vend des choses françaises aussi? Lesquelles?>>

**Exemple**
Ici on paie 40p pour un coca ...

## EXERCICE F

*Remplissez les blancs dans cette conversation avec le verbe indiqué.*

**Exemple**
1 Vous **achetez** des vêtements?

**Sophie:** Salut, Nadia! Salut, Mélodie! Vous **(1)** *(acheter)* des vêtements?

**Mélodie:** Nous **(2)** *(regarder)*, c'est tout. Moi, je n' **(3)** *(acheter)* rien. Mais Nadia **(4)** *(chercher)* un pull.

**Nadia:** Je **(5)** *(essayer)*, mais je n'en **(6)** *(trouver)* pas que j' **(7)** *(aimer)*.

**Sophie:** Tu n' **(8)** *(aimer)* pas celui-là?

**Nadia:** Je ne **(9)** *(porter)* jamais de noir. Je **(10)** *(préférer)* les couleurs plus claires. Elles **(11)** *(passer)* mieux avec mon caractère.

**Mélodie:** Comment tu **(12)** *(trouver)* les rouges là?

**Nadia:** Ils **(13)** *(coûter)* cher?

**Sophie:** Oh là! Qu'est-ce que c'est cher! Vous ne **(14)** *(trouver)* pas?

**Nadia:** Ah oui. Je ne **(15)** *(payer)* pas ça. Vous **(16)** *(penser)* qu'ils en **(17)** *(vendre)* beaucoup à ce prix-là?

**Mélodie:** Sûrement pas. Allez! On **(18)** *(jeter)* un coup d'œil dans l'autre magasin?

**Nadia:** Vous **(19)** *(attendre)* un moment? Je **(20)** *(réfléchir)*.

**Sophie:** Tu **(21)** *(entendre)*? Elle **(22)** *(réfléchir)*!

**Mélodie:** Ecoute. Nous t' **(23)** *(attendre)* au café. Mais si tu **(24)** *(finir)* par le prendre – si tu **(25)** *(acheter)* le rouge, c'est toi qui **(26)** *(payer)* les boissons, d'accord?

# The present tense – irregular verbs

### 1    The bad news

The following verbs are irregular (they don't follow the normal patterns), so you should learn the present tense of each of them by heart. A full list of irregular verbs can be found on pages 74 and 75.

| | | | | |
|---|---|---|---|---|
| *aller* | to go | | *ouvrir* | to open |
| *avoir* | to have | | *partir* | to leave, go away |
| *boire* | to drink | | *pleuvoir* | to rain |
| *connaître* | to know (a person or place) | | *pouvoir* | to be able to, can |
| *devoir* | to have to, must | | *prendre* | to take (also *apprendre*, *comprendre*) |
| *dire* | to say, tell | | *rire* | to laugh (also *sourire*) |
| *dormir* | to sleep | | *sortir* | to go out, leave |
| *écrire* | to write (also *décrire*) | | *savoir* | to know (a fact) |
| *être* | to be | | *se sentir* | to feel |
| *faire* | to do, make | | *venir* | to come (also *revenir*) |
| *lire* | to read | | *voir* | to see |
| *mettre* | to put, put on | | *vouloir* | to want |

The present tense – irregular verbs

**2   The good news**

Although these verbs are irregular, they do still tend to follow certain patterns in the present tense, which makes learning them easier, e.g.:

- After *je* and *tu*, most irregular verbs end in -s (*je vais, je dis, tu fais, tu vois*). Exceptions: *je/tu peux* (from *pouvoir*) and *je/tu veux* (from *vouloir*).

- After *il/elle/on*, most irregular verbs end in -t (*il dort, elle lit, on part*). Exceptions: *il a* (from *avoir*), *il va* (from *aller*), *elle prend* (from *prendre*).

- After *nous*, all irregular verbs end in -ons, with the sole exception of *nous sommes* (from *être*).

- After *vous*, most irregular verbs end in -ez (*vous avez, vous sortez*). Exceptions are: *vous êtes* (from *être*), *vous faites* (from *faire*) and *vous dites* (from *dire*).

- After *ils/elles*, most irregular verbs end in -ent (*ils mettent, elles disent*). Exceptions: *ils ont* (from *avoir*), *ils sont* (from *être*), *elles font* (from *faire*) and *elles vont* (from *aller*).

**3   *avoir* and *être***

The two most common irregular verbs are *avoir* (to have) and *être* (to be) – you need to learn both by heart. A number of expressions using the verb 'to be' in English use the verb 'to have' in French:

| | |
|---|---|
| *avoir 16 ans* | to be 16 |
| *avoir faim/soif* | to be hungry/thirsty |
| *avoir chaud/froid* | to be hot/cold |
| *avoir raison/tort* | to be right/wrong |
| *avoir de la chance* | to be lucky |

## EXERCICE A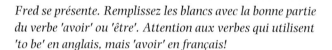

*Fred se présente. Remplissez les blancs avec la bonne partie du verbe 'avoir' ou 'être'. Attention aux verbes qui utilisent 'to be' en anglais, mais 'avoir' en français!*

**Exemple**

**1** Nous **sommes** quatre dans la famille.

Nous **(1)** ___ quatre dans la famille. Moi, j' **(2)** ___ quinze ans et ma sœur **(3)** ___ dix ans. Ma mère **(4)** ___ infirmière et mon père **(5)** ___ homme d'affaires. Ils **(6)** ___ trente-neuf ans, tous les deux. Nous **(7)** ___ de la chance. On **(8)** ___ une grande maison en centre-ville. Les chambres **(9)** ___ grandes et il y **(10)** ___ aussi un sous-sol. Et toi, qu'est-ce que tu **(11)** ___ comme maison? Vous **(12)** ___ combien dans la famille?

## EXERCICE B

*Récrivez la phrase, en changeant le sujet.*

**1** Je viens de la Suisse, donc je connais bien la montagne et je sais skier.
**Exemple**
Il **vient** de la Suisse ...

| Il ... | Elles ... |
|---|---|

**2** Tu peux prendre la voiture si tu vas en ville.

| On ... | Vous ... |
|---|---|

**3** Elle ne part pas tout de suite parce qu'elle a une lettre qu'elle veut lire.

| Je ... | Nous ... |
|---|---|

## EXERCICE C   FORMATION EXAMEN ● ● ●

*Répondez à ces questions que votre correspondant/votre correspondante vous a posées dans sa lettre.*

**Exemple** Ce n'est pas vrai. Nous ...

<<On dit que vous ne faites pas beaucoup de sport chez vous au collège. C'est vrai? Vous êtes combien dans la classe? Tu as combien d'heures de français par semaine? Tu apprends une autre langue, à part le français?>>

# The present tense – reflexive verbs

## What you need to know

Reflexive verbs are those which have an extra pronoun in front of the verb. These pronouns are there to 'reflect back' on the person doing the action, such as dressing oneself (*s'habiller*), washing oneself (*se laver*), etc. Apart from the addition of a reflexive pronoun, these verbs are just like other verbs in the present tense. The reflexive pronouns are as follows:

| | **Exemple (*s'habiller*)** |
|---|---|
| *je **me*** (or *m'* before vowel or 'h') | *je **m**'habille* |
| *tu **te*** (or *t'* before a vowel or 'h') | *tu **t**'habilles* |
| *il/elle/on **se*** (or *s'* before a vowel or 'h') | *il/elle/on **s**'habille* |
| *nous **nous*** | *nous **nous** habillons* |
| *vous **vous*** | *vous **vous** habillez* |
| *ils/elles **se*** (or *s'* before a vowel or 'h') | *ils/elles **s**'habillent* |

**There are several examples in the cartoon above.**

## EXERCICE A

*Au camping. Faites correspondre.*

**Exemple**

**1E**  François et moi, nous nous amusons bien au camping.

| | | | |
|---|---|---|---|
| **1** | François et moi, nous | **A** | t'occupes bien de mon scooter. |
| **2** | François | **B** | se couchent un peu tôt le soir. |
| **3** | Moi, je | **C** | se baigne dans la rivière. |
| **4** | L'après-midi, on | **D** | me lève vers neuf heures seulement. |
| **5** | Les autres campeurs | **E** | nous amusons bien au camping. |
| **6** | J'espère que tu | **F** | se réveille tôt le matin. |

## EXERCICE B

*Un moniteur parle à des enfants en colonie de vacances. Complétez ce qu'il dit en utilisant le verbe 's'occuper' et en regardant la liste.*

> le feu – Sébastien
> la vaisselle – Anthony et Patrick
> les tentes – Guillaume
> les vélos – Mathieu et Robert
> la cuisine – Cédric, Vincent et moi
> l'argent – moi

**Exemple**
1  Alors toi, Sébastien, tu **t'occupes** du feu.

1  Alors toi, Sébastien, tu ___ du feu.
2  Anthony et Patrick, eux, ils ___ de la ___.
3  Guillaume, lui, il …
4  Vous, Mathieu et Robert, vous …
5  Cédric, Vincent et moi, …
6  Et moi, je … Y a-t-il des questions?

## EXERCICE C

*Remplacez le verbe souligné avec la bonne forme du verbe en italique.*

**Exemple**
1  Avignon **se trouve** dans le sud de la France.

1  Avignon <u>est</u> dans le sud de la France. *(se trouver)*
2  Je <u>suis</u> Mélanie. *(s'appeler)*
3  On <u>attend</u> devant la mairie. *(s'arrêter)*
4  Nous <u>dormons</u> à côté de la tente. *(se coucher)*
5  Les enfants <u>sont</u> un peu fatigués ce soir. *(se sentir)*
6  Tu ne <u>sais</u> pas où il habite? *(se rappeler)*

## EXERCICE D

*Remplissez les blancs dans le dialogue, en utilisant le verbe indiqué.*

| | |
|---|---|
| **La mère de Romain:** | Romain! Tu **(1)** <u>te lèves</u>, oui ou non? *(se lever)* |
| **Romain:** | Oui, mais je **(2)** ___ ___ malade. *(se sentir)* |
| **La mère de Romain:** | C'est parce que tu **(3)** ___ ___ trop tard! *(se coucher)* |
| **Romain:** | Mais il faut qu'on **(4)** ___ ___ le soir. *(s'amuser)* Toute la journée, à l'école, on **(5)** ___ ___. *(s'ennuyer)* |
| **La mère de Romain:** | Tu **(6)** ___ ___ parce que tu ne **(7)** ___ ___ pas. *(s'ennuyer, s'appliquer)* |
| **Romain:** | Mais c'est dur. Les autres, ils **(8)** ___ ___ au travail. *(s'intéresser)*. Moi, non. Je **(9)** ___ ___ en cours. *(s'endormir)* |
| **La mère de Romain:** | Allez. Ça suffit. Tu **(10)** ___ ___ et tu pars à l'école. *(s'habiller)* |

## EXERCICE E   FORMATION EXAMEN

*Répondez à ces questions que votre correspondant/votre correspondante vous a posées.*

<<Tu te réveilles à quelle heure pendant les vacances? Ta mère ou ton père, est-ce qu'ils s'énervent si tu te couches tard? Vous vous disputez à cause de ça? Vous vous entendez bien chez vous d'habitude, n'est-ce pas? Et toi, tu te fâches quelquefois? Pourquoi?>>

**Exemple**
Pendant les vacances je me lève à …

# Negatives

## What you need to know

To make a verb negative, put *ne* before it (or *n'* if it starts with a vowel or 'h') and *pas* after it:

| | |
|---|---|
| *je travaille* | *je **ne** travaille **pas*** |
| *il aide* | *il **n'**aide **pas*** |

With reflexive verbs, the *ne* goes before the reflexive pronoun:

| | |
|---|---|
| *je me lève* | *je **ne** me lève **pas*** |

Other common negative expressions can be made by replacing the word *pas* as follows:

| | |
|---|---|
| *ne ... rien* | nothing |
| *ne ... jamais* | never |
| *ne ... plus* | no more |
| *ne ... personne* | nobody |
| *ne ... aucun(e)* | not any |
| *ne ... ni ... ni* | neither ... nor |

**Look for the examples of all these in the cartoon.**

## EXERCICE A

*Complétez les comparaisons entre Fred et Romain, en utilisant 'ne' (ou 'n'') 'pas'.*

**Exemple**

1   Fred fait ses devoirs. Romain **ne** fait **pas** ses devoirs.

1   Fred fait ses devoirs. Romain ...

2   Fred aide à faire la cuisine. Romain ...

3   Fred aime lire. Romain ...

4   Romain sort souvent. Fred ...

5   Fred se couche de bonne heure. Romain ...

6   Romain regarde beaucoup la télé. Fred ...

7   Fred fait beaucoup de sport. Romain ...

## EXERCICE B

*Mettez au négatif.*

**Exemple**

1   Je **ne** comprends **pas** la leçon. ...

1   Je comprends la leçon. Mon prof explique très bien. J'ai tous les éléments nécessaires. Maintenant je peux faire mes devoirs. Je suis content!

2   Nous pouvons camper ici. C'est un bon endroit. On peut faire un feu sous les arbres. L'eau de la rivière est propre. Moi, je reste ici.

## EXERCICE C  FORMATION EXAMEN

*Répondez à ces questions de votre correspondant/votre correspondante.*

<<Est-ce que tu habites près de la mer? Il y a des montagnes pour le ski dans ta région?* Moi, j'ai un scooter maintenant. Est-ce qu'on peut conduire un scooter à quatorze ans chez vous? Ici, il fait très chaud en ce moment. Là-bas aussi? Je vais travailler pendant les vacances. Et toi?>>

**Exemple**

Je n'habite pas près de la mer.

* For what happens to *des* after a negative, see page 8.

## EXERCICE E

*Choisissez le bon mot pour compléter chaque phrase ('jamais', 'rien', 'plus' ou 'personne').*

**Exemple**

1   C'est gratuit. Ça ne coûte **rien**.

1   C'est gratuit. Ça ne coûte ___.
2   Il a fini de travailler. Il ne travaille ___.
3   Qui sont ces gens? Je ne connais ___.
4   Elle a arrêté de boire. Elle ne boit ___.
5   Sa moto est toujours en panne. Elle ne marche ___.
6   Quel désordre! Je ne trouve ___!
7   Je déteste danser. Je ne danse ___.
8   On ne va pas regarder cette émission. Ça n'intéresse ___.

## EXERCICE F

*Récrivez ces phrases en utilisant 'ne ... ni ....ni ...' ou 'ne ... aucun(e)'.*

**Exemple**

Il n'y a pas de riz. Il n'y a pas de pommes de terre.
Il n'y a **ni** riz **ni** pommes de terre.

Je n'ai pas envie de sortir ce soir. Absolument pas.
Je n'ai **aucune** envie de sortir ce soir.

1   Nous n'avons pas de tente. Nous n'avons pas de caravane non plus.
2   Il n'y a pas d'hôtel dans le village – pas un seul.
3   Vous n'avez pas un seul livre sur Picasso?
4   On n'a pas de livre. On n'a pas de vidéo.
5   Je ne vois pas d'avion dans le ciel.
6   Tu n'as pas de billet. Tu n'as pas d'argent.

## EXERCICE D

1   *Marlène déteste les choses suivantes:*

*fumer, jouer aux jeux de société, se promener, faire la vaisselle, porter des jupes.*

*Faites la liste de ce qu'elle ne fait jamais.*

**Exemple**
Elle ne fume jamais.

2   *David a arrêté de faire les choses suivantes:*

*aller à la pêche, faire du vélo, jouer du piano, acheter des B.D., embêter son frère.*

*Faites la liste de ce que David ne fait plus.*

**Exemple**
Il ne va plus à la pêche.

### What you need to know

**1**   There are three ways of asking a question – here is the same question asked in three different ways:

**a**   *Tu vas en ville?*
**b**   *Est-ce que tu vas en ville?*
**c**   *Vas-tu en ville?*

**a**   The first (*Tu vas en ville?*) is simply a statement (*Tu vas en ville*) spoken with a questioning tone. This is the safest one to use.

**b**   The second involves putting the phrase *Est-ce que* before the verb.
*Tu vas* becomes *Est-ce que tu vas ...?*

**c**   The third and more difficult (*Vas-tu en ville?*) involves turning the subject and verb back to front. We do this in English, but only with certain verbs (Have you any money? Are they away?) *Tu vas* becomes *Vas-tu?* Notice the added hyphen. What's more, if two vowels meet as a result of turning the verb round, as often happens with *il, elle* and *on*, an extra *-t-* is put in the middle:

*Comment s'appelle-**t**-elle? Où va-**t**-on? Qu'y a-**t**-il?*

You cannot use this back-to-front form with *je*.

**2**   If you begin a question with a word like *qui?, que?, où?, comment?, quand?, pourquoi?* or an expression like *à quelle heure?*, only the second and third types are possible:

**b**   *Qu'est-ce que tu penses?*   or   **c**   *Que penses-tu?*
**b**   *Où est-ce que tu vas?*   or   **c**   *Où vas-tu?*

For *quel?* see page 21.

**3**   **Questions forms in the negative**
The easiest way of asking a question in the negative (e.g. Don't you want to come?) is to add a question mark to the negative statement:

*Tu ne veux pas venir.*   becomes   *Tu ne veux pas venir?*

## EXERCICE A

*Récrivez la question sous une autre forme.*

**Exemple**

1  Tu aimes cette musique?/Est-ce que tu aimes cette musique?

1  Aimes-tu cette musique?
2  Sais-tu la réponse?
3  Avez-vous un plan?
4  Habitent-ils loin?
5  Regarde-t-elle la télé?
6  Voulez-vous du café?
7  Es-tu anglais?

## EXERCICE B

*Les parents de Romain se posent beaucoup de questions. Faites correspondre.*

**Exemple**

1E  Il a une petite amie?

| 1 | Il | A | au collège? |
|---|---|---|---|
| 2 | Comment | B | regardent des films violents? |
| 3 | Travaille-t-il | C | ses copains sont gentils? |
| 4 | Est-ce que | D | se couche-t-il le soir? |
| 5 | Où | E | a une petite amie? |
| 6 | Est-ce qu'ils | F | fait-il tout le temps dans sa chambre? |
| 7 | Que | G | est-elle? |
| 8 | Pourquoi | H | toujours ses devoirs? |
| 9 | A quelle heure | I | est-il toujours fatigué? |
| 10 | Finit-il | J | vont-ils le soir? |

## EXERCICE C

*Au cours d'une conversation, Sophie donne les réponses suivantes. Imaginez les questions.*

**Exemple**

1  Comment t'appelles-tu?/Tu t'appelles comment?/Comment est-ce que tu t'appelles?

1  Sophie.
2  J'ai quatorze ans.
3  J'habite ici.
4  Ma sœur? Elle s'appelle Anne-Louise.
5  Elle a huit ans.
6  Le jazz? Non, pas vraiment.
7  Je regarde la télé ou je vois mes amis.
8  A l'école? J'y vais à pied.
9  A la cantine.
10  Vers dix heures du soir.

## EXERCICE D  **FORMATION EXAMEN**

*Vous écrivez à un(e) jeune français(e). Posez-lui des questions sur sa famille, ses passe-temps, les langues qu'il/elle parle et les livres qu'il/elle aime. Vous voulez aussi savoir s'il/si elle a un animal, un scooter et un groupe préféré.*

**Exemple**

Vous êtes combien dans la famille?

## EXERCICE E

*Mettez au négatif.*

**Exemple**

1  Tu **ne** parles **pas** allemand?

1  Tu parles allemand?
2  Tu regardes le film?
3  Vous voulez boire quelque chose?
4  On va au cinéma?
5  Elle vient avec nous?
6  Tu aimes le vin?

# Imperatives

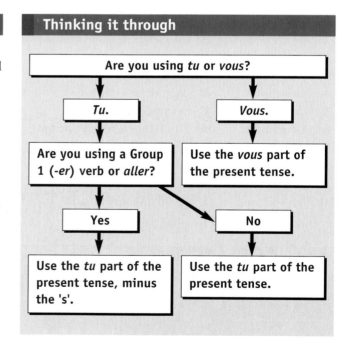

## What you need to know

**1 Formation**

An imperative is the verb form you use when you tell or ask someone to do something. For example: 'Look at this.' 'Help yourself.' 'Don't be silly.'

Because there are two words for 'you' in French, there are also two forms of imperative:

  **a** the *tu* form (when you are talking to a friend or relative).
  **b** the *vous* form (when you are talking to an adult, or to more than one person).

**a** The *tu* imperative is the same as the *tu* part of the present tense:

  *tu fais* → *fais*    *tu viens* → *viens*

  except for Group 1 (*-er*) verbs and *aller*, where you drop the 's':

  *tu regardes* → *regarde*    *tu écoutes* → *écoute*
  *tu vas* → *va*

**b** The *vous* imperative is the same as the vous part of the present tense:

  *vous venez* → *venez*    *vous rentrez* → *rentrez*

## Thinking it through

Are you using *tu* or *vous*?

*Tu.*

*Vous.*

Are you using a Group 1 (*-er*) verb or *aller*?

Use the *vous* part of the present tense.

Yes

No

Use the *tu* part of the present tense, minus the 's'.

Use the *tu* part of the present tense.

## EXERCICE A

*Lisez les résponses de Nicolas à son frère. Quelles étaient les suggestions de Romain?*

**Exemple**
**Romain:** Joue avec ton lego.
**Nicolas:** Je ne veux pas jouer avec mon lego.

**Nicolas:** Je ne veux pas ... jouer avec mon lego/faire un dessin/regarder la télé/lire une B.D/ écouter une cassette/ranger les jouets/ aller au lit!

## EXERCICE B

*Trouvez l'impératif du verbe indiqué.*

**Exemple**
1 **Regarde** dans ce catalogue.

1 Tu cherches un cadeau? ___ dans ce catalogue. *(regarder)*
2 Vous avez soif. ___ un verre. *(prendre)*
3 Hé, les enfants! ___ à table! *(venir)*
4 ___ tes affaires là, Caroline. *(poser)*
5 Avant de sortir, ___ d'abord tes devoirs. *(finir)*
6 Bonjour, Madame.___. *(entrer)*
7 ___ un livre que tu voudrais lire. *(choisir)*
8 ___ ce que vous voulez. Moi, je reste là. *(faire)*

## EXERCICE C  FORMATION EXAMEN

*Vous allez rencontrer des amis dans un café. Hélène va venir plus tard, mais elle ne sait pas où c'est. Ecrivez-lui un message avec les indications pour trouver le bar, en utilisant des impératifs.*

**VERBES UTILES**
**prendre (le bus)**   *descendre*
monter (la rue)   *tourner*   **continuer**
traverser   ***passer (devant)***   chercher

**Exemple**
Pour trouver le café, prends le bus numéro 12 ...

## What you need to know

**2 Exceptions**
The verb *être* is an exception to this rule. Its imperatives are:

*tu es* ➔ *sois*
*vous êtes* ➔ *soyez*

e.g.: *Sois sage!* (Be good!)
e.g.: *Soyez prudents!* (Be careful!)

**3 Negative imperatives**
If you want to ask or tell someone not to do something, put *ne* (or *n'*) and *pas* on each side of the normal imperative:

**Ne** regarde **pas.**   **N'**oubliez **pas.**
**Ne** va **pas.**   **Ne** rentrez **pas.**

**4 Imperatives of reflexive verbs**
These have *-toi* or *-vous* added to the normal imperative:

*Calme-**toi.***   *Calmez-**vous.***
*Lève-**toi.***   *Levez-**vous.***
*Assieds-**toi.***   *Asseyez-**vous.***

## EXERCICE D

*Avant de partir pour quelques jours, les parents de Julien lui donnent des instructions. Que disent-ils?*

*Il doit:*
répondre au téléphone, faire ses devoirs, donner à manger au chat, garder le garage fermé, s'occuper des plantes, prendre une douche au moins une fois, manger régulièrement, acheter du pain pour lundi, appeler s'il y a un problème.

*Il ne doit pas:*
faire trop de bruit, se lever trop tard, oublier de chercher le courrier, inviter tous les copains à la maison, laisser les fenêtres ouvertes, dormir tout le temps, passer des heures devant la télé, se coucher trop tard.

**Exemple**
Fais tes devoirs, ne laisse pas les fenêtres ouvertes ...

49

# *Depuis*; the present tense – all forms

## What you need to know

**The present tense + *depuis***
To say how long someone has been doing something,
French uses the present tense with *depuis*, where English
uses a past tense (has been doing):

*Il travaille **depuis** trois heures.*     He has been working
for three hours.

## EXERCICE A

*Comment dire en français?*

**Exemple**
**1** J'**attends depuis** vingt minutes.

**1** I've been waiting for twenty minutes.
**2** They've been travelling for three days.
**3** We've been coming here for ten years.

## EXERCICE B

*Ecrivez:*
*a*  *au présent*
*b*  *à l'interrogatif*
*c*  *au négatif*
*d*  *au négatif de l'impératif*

**Exemple**
**1** hésiter *(vous)*
**a** Vous hésitez.
**b** Vous hésitez?/Hésitez-vous?/Est-ce que vous hésitez?
**c** Vous n'hésitez pas.
**d** N'hésitez pas.

**1** hésiter *(vous)*
**2** faire attention *(vous)*
**3** regarder *(tu)*
**4** choisir *(vous)*
**5** s'inquiéter *(tu)*
**6** s'arrêter *(vous)*

## EXERCICE C

*Faites correspondre.*

**Exemple**
**1E** Ne va pas dans l'eau!

| | | | |
|---|---|---|---|
| **1** | Ne | **A** | allez à la plage? |
| **2** | Tu ne | **B** | allez pas dans l'eau! |
| **3** | N' | **C** | tu pas dans l'eau? |
| **4** | Est-ce que vous | **D** | tu dans l'eau? |
| **5** | Est-ce que tu | **E** | va pas dans l'eau! |
| **6** | Vas- | **F** | vous à la plage? |
| **7** | Allez- | **G** | vas pas à la plage? |
| **8** | Ne vas- | **H** | vas à la plage? |

## EXERCICE D

*Récrivez la phrase en changeant le sujet.*

**Exemple**
**1** **Nous** aimons bien la musique, mais …

**1** J'aime bien la musique, mais je ne m'intéresse pas à
la même musique que lui.

| Nous … |     | Elles … |

**2** Est-ce que nous partons tout de suite? Nous n'avons
pas de pique-nique.

| Est-ce qu'on … |     | Est-ce que tu … |

**3** Pourquoi est-il si paresseux? Il a beaucoup d'amis
anglais, mais il n'écrit jamais.

| … vous … |     | … ils … |

## EXERCICE E    FORMATION EXAMEN

*Vous allez prêter votre maison/votre appartement à des
amis français. Donnez-leur des informations utiles
(magasins, transport, distractions, etc.) pour les aider.*

**Exemple**
Il y a des magasins dans la rue … La meilleure
boulangerie est …   Pour aller …

- How many verbs in the present tense can you find in this cartoon?
- Which ones are Group 2 (-*ir*) verbs?
- Which ones are in the negative?
- Which are reflexive verbs?
- Can you find an example of all three question forms? (See page 46.)
- How many imperatives are there?

# The present tense with object pronouns

## What you need to know

### 1   'Him', 'her' and 'them'

The French for 'him', 'her' and 'them' is *le*, *la* and *les* – the same as the words for 'the'. In English we put these words (known as object pronouns) after the verb, but in French they come before the verb:

Do you find **him** interesting?   *Tu **le** trouves intéressant?*

If the verb begins with a vowel or 'h', *le* and *la* are shortened to *l'*:

*Je **l'**aime.*   I love **him** (or **her**).

### 2   'It'

What's more, since every noun in French is either masculine or feminine, *le* and *la* are also the words for 'it', depending on the gender of what you are talking about:

*Tu vois **le vélo**?*
*Oui, je **le** vois.*   Yes, I see **it**. (Masculine noun.)

*Tu vois **la voiture**?*
*Oui, je **la** vois.*   Yes, I see **it**. (Feminine noun.)

### 3   Other object pronouns

Here are some other object pronouns which you will need to use and recognise:

| | | | |
|---|---|---|---|
| *me* (or *m'*) | me, to me | *nous* | us, to us |
| *te* (or *t'*) | you, to you | *vous* | you, to you |
| *lui* | to him, to her, to it | *leur* | to them |

### 4   After imperatives

When you use an object pronoun with an imperative, it comes after the verb and is joined to it by a hyphen:

*Regarde-**le**!*   *Laissez-**les**!*

After an imperative, *me* becomes *moi*:

*Dis-**moi**.*   *Ecoutez-**moi**!*

But if the imperative is negative (telling someone **not** to do something), then the pronoun goes before the verb as usual:

*Ne **me** dis pas …*

52

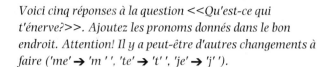

## EXERCICE A

*Remplissez les blancs par 'le', 'la' ou 'les.'*

**Nadia:** Comment trouves-tu Monsieur Milan?

**Céline:** Je **(1)** le trouve bien.

**Nadia:** Et Madame Rey?

**Céline:** Je **(2)** :__ trouve assez bien aussi.

**Nadia:** Tu aimes tous les profs?

**Céline:** Non, je ne **(3)** __ aime pas tous. Mais je **(4)** ___ trouve bien. C'est différent.

**Nadia:** Mais cette histoire, par exemple, tu **(5)** ___ comprends?

**Céline:** Oui.

**Nadia:** Moi, non. Et ce problème de maths, je ne **(6)** ___ comprends pas non plus.

**Céline:** Mes réponses sont là. Je **(7)** ___ ai dans mon sac. Tu veux **(8)** ___ regarder?

## EXERCICE B

*Ecrivez les réponses, en remplaçant les mots en italique par un pronom.*

**Exemple**

1 – Non, je ne **les** aime pas.

1 – Est-ce que tu aimes *les repas à la cantine?*
   – Non, je …

2 – Est-ce que tu parles souvent *à ton prof d'anglais?*
   – Oui, je …

3 – Est-ce qu'elle parle *aux élèves en anglais?*
   – Oui, elle …

4 – Est-ce que cet homme *te* connaît?
   – Non, il …

5 – Est-ce que tu aimes *cette chanson?*
   – Oui, je …

6 – Est-ce que tu as *ton passeport et ton billet?*
   – Non, je …

## EXERCICE C

*Voici cinq réponses à la question <<Qu'est-ce qui t'énerve?>>. Ajoutez les pronoms donnés dans le bon endroit. Attention! Il y a peut-être d'autres changements à faire ('me' → 'm'', 'te' → 't'', 'je' → 'j'').*

**Exemple**

1 Ce qui m'énerve? Quand ma petite amie **me** dit qu'elle …

1 Ce qui m'énerve? Quand ma petite amie dit qu'elle vient à midi et qu'à midi et demie j'attends toujours. *(me; l')*

2 Quand les gens disent: <<Dis ce que tu penses>>, puis quand tu dis ton opinion, ils ne sont pas contents. *(te; leur)*

3 Quand j'ai un problème et que mon petit ami sait, mais qu'il ne dit rien. *(le; me)*

4 Quand ma petite sœur demande si elle peut emprunter mes vêtements et que je dis <<non>>, mais qu'elle prend quand même. *(me; lui; les)*

5 Quand mon petit frère est en difficulté et que j'aide à faire ses devoirs ou que j'explique ses leçons et qu'il n'écoute pas. *(le; lui; me)*

## EXERCICE D  FORMATION EXAMEN

*Vous arrivez en France. Tout le monde vous pose des questions. Répondez sans répéter les mots en italique.*

**Exemple**

1 Le Christmas pudding? On **le** mange le jour de Noël.

1 Quand est-ce qu'on mange *le Christmas pudding?*
   Qui prépare *le Christmas pudding* chez vous?
   Tu aimes *le Christmas pudding?*

2 Est-ce que tu téléphones souvent *à tes amis?*
   Tu écris *à ta mère/à ton père?*
   Tu vas acheter *des cadeaux* pour tes amis?*

   * The pronoun meaning 'to them' can also be used to mean 'for them'.

# Y and en

## What you need to know

1 **Meaning of *y* and *en***

The main meaning of *y* is 'there':

*J'**y** vais quand je peux.*  I go **there** when I can.

The main meaning of *en* is 'of it' or 'of them':

*J'**en** rêve.*  I dream **of it** (or 'about it').

It also means 'some' or 'any':

*Fred **en** a.*  Fred has got **some**.

2 **Used with verbs followed by *à* and *de***

*Je pense **à Noël**.*  I am thinking **of Christmas**.

*J'**y** pense.*  I am thinking **about it**.

*Je m'intéresse **aux films**.*  I am interested **in films**.

*Je m'**y** intéresse.*  I am interested **in them**.

*Tu as besoin **de la voiture**?*  Do you need the car?

*Tu **en** as besoin?*  Do you need **it**?

3 **Other uses**

*Y* is almost always used with *aller* when you don't actually say where you are going:

*J'**y** vais.*  Allons-**y**.  On **y** va?

*En* is used in any sentence ending in a number or an expression of quantity like *combien* or *assez*:

*J'**en** ai quatre.*  *Tu **en** as assez?*

## EXERCICE A

*On organise une fête. Remplissez les blancs avec 'y' ou 'en'.*

**Fred:** Qui va aux magasins? Jean-Paul, tu **(1)** _y_ vas?

**Jean-Paul:** Oui, j' **(2)** ___ vais.

**Fred:** Tu as de l'argent?

**Jean-Paul:** Je n' **(3)** ___ ai pas assez.

**Sophie:** Tiens, je t' **(4)** ___ donne. Et pense à acheter des chips!

**Jean-Paul:** Oui, j' **(5)** ___ pense. Vous voulez des gâteaux?

**Fred:** Non, on n' **(6)** ___ a pas besoin. On se retrouve chez Romain, alors?

**Sophie:** Oui, on **(7)** ___ va vers dix-neuf heures.

## What you need to know

In French as in English, you can use more than one object pronoun at a time:

I'm lending **it** to **them**.      She tells **him** about **it**.

If you use two together in French, they have to go in the following order:

| me (m')<br>te (t')<br>nous<br>vous | le (l')<br>la (l')<br>les | lui<br>leur | y | en |
|---|---|---|---|---|

| | |
|---|---|
| *Je **les y** ai rencontrés.* | I met **them there**. |
| *Je **leur en** parle.* | I am talking to **them** about **it**. |
| *Il **le leur** a déjà donné.* | He has already given **it** to **them**. |

### EXERCICE A

*Récrivez dans le bon ordre.*

**Exemple**

1  Elle ne me la prête pas.

1  prête me pas ne elle la

2  en leur je quelquefois parle

3  envoies les tu y ?

4  y pas connaît on m' ne

5  ne tu pas dis lui le

### EXERCICE B

*Complétez chaque phrase avec deux pronoms.*

**Le prof:**     Tu ne donnes pas tes bulletins à tes parents?

**Jean-Paul:**  Si, monsieur, je **(1)** <u>les</u> ___ donne.

**Le prof:**     Et ils ne te parlent pas de ça?

**Jean-Paul:**  Si, ils **(2)** ___ ___ parlent.

**Le prof:**     Alors, tu expliques la situation à ton père?

**Jean-Paul:**  Oui, je **(3)** ___ ___ explique.

**Le prof:**     Et qu'est-ce qu'il dit?

**Jean-Paul:**  Il dit: <<Si le prochain bulletin est aussi mauvais que ça, ne **(4)** ___ ___ montre pas!>>

55

# The perfect tense with *avoir*

## What you need to know

### 1 Formation

The perfect tense is most often used in French to talk about the past. It is made up of two parts:

|  | **1** Part of *avoir* | **2** A past participle |
|---|---|---|
| e.g. | *j'ai* | *travaillé* |

This means 'I worked' or 'I have worked'.

The part of *avoir* used changes, as you would expect, depending upon the person. But the second part (the past participle) remains the same:

| | |
|---|---|
| j'ai **travaillé** | *nous avons* **travaillé** |
| *tu as* **travaillé** | *vous avez* **travaillé** |
| *il/elle/on a* **travaillé** | *ils/elles ont* **travaillé** |

Past participles of Group 1 (-*er*) verbs end in -*é*:
*travaill**é**, jou**é**, regard**é***

Past participles of Group 2 ( -*ir*) verbs end in -*i*:
*fini, choisi, rempli*

Past participles of Group 3 (-*re*) verbs end in -*u*:
*vend**u**, répond**u**, attend**u***

### 2 Past participles of irregular verbs

The past participles of irregular verbs, as you would expect, don't follow the normal patterns and need to be learnt separately, though many of them do have similar endings:

| | | | |
|---|---|---|---|
| *avoir* | *j'ai eu* | *dormir* | *j'ai dormi* |
| *boire* | *j'ai bu* | *rire* | *j'ai ri* |
| *connaître* | *j'ai connu* | *mettre* | *j'ai mis* |
| *devoir* | *j'ai dû* | *prendre* | *j'ai pris* |
| *lire* | *j'ai lu* | | *(similarly* |
| *pleuvoir* | *il a plu* | | *compris,* |
| *pouvoir* | *j'ai pu* | | *appris)* |
| *savoir* | *j'ai su* | | |
| *voir* | *j'ai vu* | *écrire* | *j'ai écrit* |
| *vouloir* | *j'ai voulu* | *faire* | *j'ai fait* |
| | | *ouvrir* | *j'ai ouvert* |
| | | *être* | *j'ai été* |

56

## 3 Negatives and questions

The examples below show you how to make a perfect tense structure negative or turn it into a question – the changes occur to the *avoir* part, and the past participle is left as it is.

| | |
|---|---|
| Perfect tense: | *Tu as travaillé.* |
| Made negative: | *Tu **n'as** **pas** travaillé.* |
| Turned into a question: | *Tu as travaillé?/**As-tu** travaillé?/ **Est-ce que** tu as travaillé?* |

### EXERCICE A

*(Groups 1, 2 & 3)*

*Que répond le petit frère de Romain?*

| **Romain:** | Joue avec ton lego. |
|---|---|
| **Nicolas:** | **(1)** J'ai joué avec mon lego hier. |
| **Romain:** | Alors regarde une cassette vidéo. |
| **Nicolas:** | **(2)** ... |
| **Romain:** | Alors finis le puzzle. |
| **Nicolas:** | **(3)** ... |
| **Romain:** | Alors écoute de la musique. |
| **Nicolas:** | **(4)** ... |
| **Romain:** | Alors réponds aux questions. |
| **Nicolas:** | **(5)** ... |
| **Romain:** | Alors remplis le questionnaire pour l'école. |
| **Nicolas:** | **(6)** ... |
| **Romain:** | Alors dessine des dinosaures. |
| **Nicolas:** | **(7)** ... |
| **Romain:** | Alors fais ce que tu veux mais arrête de m'embêter! |

### EXERCICE B

*(Irregular verbs)*

*Comment répondrait Nicolas aux suggestions suivantes?*

**Exemple**

1 **J'ai écrit** dans mon journal hier.

1 Ecris dans ton journal.
2 Apprends tes leçons.
3 Fais du vélo.
4 Lis un livre.
5 Prends une douche.
6 Mets tes jouets en ordre.

### EXERCICE C

*La mère de Julien lui donne des instructions avant de partir pour la journée:*

<<Passe l'aspirateur. Fais la vaiselle. Range tes affaires. Mets la table. Téléphone au dentiste. Enregistre mon émission. Prépare la salade. Nettoie tes baskets. N'oublie pas d'aller chercher le pain.>>

*Quand elle revient, il n'a rien fait! Qu'est-ce qu'elle dit?*

**Exemple**

Tu n'as pas passé l'aspirateur! Tu n'as pas ...

### EXERCICE D  FORMATION EXAMEN

*Imaginez que vous avez passé trois jours à l'étranger avec des copains. Ecrivez une carte postale à un ami français. Décrivez:*

- *quel temps il a fait*
- *comment vous avez voyagé*
- *ce que vous avez vu et visité*
- *ce que vous avez mangé et bu, etc.*

### EXERCICE E

*Voici comment Romain passe son dimanche. Mettez au passé.*

**Exemple**

Le réveil a sonné à dix heures ...

Le réveil sonne à dix heures, mais Romain dort jusqu'à onze heures. Puis il prend son petit déjeuner et il regarde un peu la télé. A midi il décide d'aller voir Julien, mais il ne trouve personne chez lui. Il attend un peu, puis il quitte la maison. Jusqu'à une heure il fait beau, mais après il pleut tout l'après-midi. A deux heures Jean-Paul téléphone et invite Romain chez lui. Mais Romain ne veut pas. Il invente une excuse et dit au revoir. Ses parents demandent pourquoi. Romain essaie d'expliquer, mais ils ne comprennent pas. Après, ils dînent ensemble. Puis il met ses écouteurs et il écoute un CD. A neuf heures du soir il commence ses devoirs, mais il ne finit pas les maths. Ça n'est pas une journée fantastique.

# The perfect tense with *être*

## What you need to know

A small number of very common verbs form their perfect tense not with *avoir* but with *être*. Whereas you'd say *j'ai visité*, you have to say *je suis allé*. What's more, the past participle (in this case *allé*) changes its ending, like an adjective, to agree with the subject of the verb. So if it's a girl, she would write *je suis allée*. Here is the whole perfect tense:

*je suis allé* (masc.)

*je suis allée* (fem.)

*tu es allé* (masc.)

*tu es allée* (fem.)

*il/on est allé*

*elle est allée*

*nous sommes allés* (masc.)

*nous sommes allées* (fem.)

*vous êtes allé* (masc. singular, polite)

*vous êtes allée* (fem. singular, polite)

*vous êtes allés* (masc. plural)

*vous êtes allées* (fem. plural)

*ils sont allés*

*elles sont allées*

Most of the verbs which go like this can be conveniently grouped into pairs of opposites:

| | |
|---|---|
| *aller* | to go |
| *venir* | to come |
| *arriver* | to arrive; happen |
| *partir* | to leave, go away |
| *entrer* | to go in, come in |
| *sortir* | to go out, come out |
| *monter* | to go up, get into (a vehicle) |
| *descendre* | to go down, get out of (a vehicle) |
| *naître* | to be born |
| *mourir* | to die |
| *rester* | to stay |
| *retourner* | to return, go back |
| *tomber* | to fall |

Compounds of these verbs also form their perfect tense with *être*, e.g. *rentrer* – 'to go back, go home'; *revenir* – 'to come back'; *devenir* – 'to become'.

## EXERCICE A ◑ ○

*Faites correspondre.*

**Exemple**
**1D** Tu es parti de chez toi à quelle heure, Jean-Paul?

| | | | |
|---|---|---|---|
| **1** | Tu | **A** | sont allés les chercher? |
| **2** | Je | **B** | est partie de chez elle à 8h45? |
| **3** | Charlotte | **C** | sont redescendues. |
| **4** | Oui. Nous | **D** | es parti de chez toi à quelle heure, Jean-Paul? |
| **5** | Et vous | | |
| **6** | Oui. Puis Sophie et Céline | **E** | est parti sans eux. |
| **7** | Et deux garçons | **F** | sommes arrivés au collège ensemble. |
| **8** | Voilà. Et le car | **G** | êtes montés dans le car tout de suite? |
| | | **H** | suis parti de chez moi à 8h30. |

## EXERCICE B ○ ◑

*Récrivez au passé cette description d'une journée de ski.*

**Exemple**
On est parti ...

On part du chalet vers neuf heures et on arrive devant les pistes un quart d'heure plus tard. On monte avec le télésiège jusqu'au sommet et moi, je reste là-haut toute la matinée. Ma cousine, qui tombe beaucoup de fois, descend avant midi. Moi, je mange à la cafétéria sur les pistes et je rentre en fin d'après-midi. Le soir, nous sortons ensemble.

## EXERCICE C ◑ ○

*Nadia parle de sa famille. Ecrivez les verbes au passé.*

Mon père *(naître)* en Tunisie. Il *(arriver)* en France à l'âge de cinq ans avec ses parents. Ils *(venir)* chercher du travail. Moi, je *(naître)* à Nîmes, donc je suis française. Mes parents *(rester)* ici, mais mes grands-parents *(retourner)* en Tunisie en 1990. Mon grand-père *(mourir)* l'année dernière. Mais ma grand-mère est toujours là. Je *(aller)* la voir à Noël.

**Exemple**
Mon père **est né** en Tunisie.

## EXERCICE D ( FORMATION EXAMEN ● ● ● )

*Répondez à ces questions que vous pose votre correspondant/votre correspondante à votre arrivée en France.*

<<• Tu es parti(e) de chez toi à quelle heure ce matin?
• Tu es allé(e) jusqu'à Londres en car ou en train?
• Quand es-tu monté(e) dans l'Eurostar?
• Et tu es arrivé(e) à Paris à quelle heure?
• Tu es déjà venu(e) en France avec ta famille?>>

**Exemple**
Je suis parti(e) de chez moi à ...

# The perfect tense – reflexive verbs

60

## What you need to know

The perfect tense of all reflexive verbs (*se réveiller, se passer*, etc.) is formed with *être* rather than *avoir*, and the *être* part comes after the reflexive pronoun, hence: *je **me suis** réveillé*. Like the other verbs that use *être*, the past participle (*réveillé*, in this case) has to agree with the subject of the verb:

| | |
|---|---|
| je **me suis** réveillé(e) | nous **nous sommes** réveillé(e)s |
| tu **t'es** réveillé(e) | vous **vous êtes** réveillé(e)(s) |
| il/on **s'est** réveillé | ils **se sont** réveillés |
| elle **s'est** réveillée | elles **se sont** réveillées |

## EXERCICE A

*Faites correspondre.*

**Exemple**

**1C** Hier, mon petit frère s'est couché à huit heures.

| | | | |
|---|---|---|---|
| **1** | Hier, mon petit frère | **A** | me suis couché vers dix heures. |
| **2** | Ma sœur | **B** | nous sommes couchés tôt, n'est-ce pas? |
| **3** | Moi, je | **C** | s'est couché à huit heures. |
| **4** | Nous | **D** | se sont couchés beaucoup plus tard. |
| **5** | Mais nos parents | **E** | s'est couchée vers neuf heures. |

## EXERCICE B

*Remplacez le sujet (en italique) par les pronoms indiqués.*

**Exemple**

**1**  *Elle* s'est réveillée très tôt, mais ...

**1**  *Je me suis* réveillé très tôt, mais je ne me suis pas habillé tout de suite. Je me suis assis devant la télé jusqu'à onze heures.

Elle ...          Nous ...

**2**  *Tu t'es* trompée si tu t'es arrêtée à Valence. Tu ne t'es pas rappelée mes instructions?

Ils ...          Vous (plural)...

## EXERCICE C  ● ● ●

*Pendant sa leçon de conduite, Hélène a ignoré les règles suivantes. Qu'est-ce qu'elle a fait?*

**Exemple**   Elle est allée trop vite.

### IL NE FAUT PAS:

aller trop vite

monter sur le trottoir

se fâcher dans un
embouteillage

descendre de sa
voiture au milieu
de la rue

rester tout le temps
sur la voie rapide

### IL FAUT:

s'attacher avant de
partir

s'approcher doucement
des stops

s'arrêter aux feux
rouges

## EXERCICE D  ● ● ●

*Romain n'est pas venu à la fête de Sophie. Lisez pourquoi,
puis répondez aux questions.*

<<Je ne suis pas venu finalement parce que je ne me suis
pas senti très bien. Je me suis assis sur le canapé et je
me suis endormi. Je me suis réveillé quand le téléphone a
sonné. C'était déjà dix heures. Donc je me suis déshabillé
et je me suis couché.>>

**Exemple**
1   Il ne s'est pas senti très bien.

1   Pourquoi n'est-il pas allé à la fête? (Il ...)
2   Est-ce qu'il s'est couché tout de suite? (Non, il ne ...
3   Qu'est-ce qu'il a fait?
4   Qu'est-ce qui est arrivé quand le téléphone a sonné?
5   Qu'a-t-il fait finalement?

## EXERCICE E   FORMATION EXAMEN  ● ● ●

*Imaginez que vous êtes allé(e) en vacances et que vous
avez eu un petit accident. Répondez à ces questions que
votre correspondant/votre correspondante vous pose dans
sa lettre.*

<<Christophe me dit que tu es parti(e) en
vacances. C'est vrai? Et il dit que tu t'es fait
mal. Comment l'as-tu fait? Où est-ce que tu
t'es fait mal? Je suppose que tu es allé(e) voir
un médecin? Et après? Raconte-moi tout!>>

**Exemple**
Oui, je suis parti(e) en vacances.

# The perfect tense – all forms

verb from the list on page 58

## Thinking it through

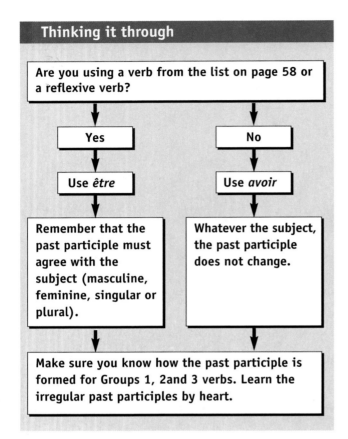

Are you using a verb from the list on page 58 or a reflexive verb?

**Yes** → Use *être* → Remember that the past participle must agree with the subject (masculine, feminine, singular or plural).

**No** → Use *avoir* → Whatever the subject, the past participle does not change.

Make sure you know how the past participle is formed for Groups 1, 2 and 3 verbs. Learn the irregular past participles by heart.

---

## EXERCICE A

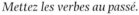

*Mettez les verbes au passé.*
**Exemple**
1 Samedi on **est allé** ...

**Céline:** Samedi on **(1)** *(aller)* chez mes grands-parents à Lille.

**Mélodie:** A Lille! Vous y **(2)** *(rester)* la nuit?

**Céline:** Non, on **(3)** *(rentrer)* samedi soir.

**Mélodie:** Quoi! Vous **(4)** *(faire)* l'aller-retour dans la journée!

**Céline:** Oui, mais on **(5)** *(s'arrêter)* pour manger en route. Et on **(6)** *(prendre)* la grosse voiture.

**Mélodie:** Quand même, tu **(7)** *(ne pas s'ennuyer)*?

**Céline:** Non. Dans la voiture je **(8)** *(écouter)* des C.D., puis chez mes grands-parents je **(9)** *(s'amuser)*. Je **(10)** *(rencontrer)* mes cousins. Nous **(11)** *(faire)* une promenade et je **(12)** *(s'occuper)* de leur chien.

**Mélodie:** Moi, la dernière fois que je **(13)** *(rendre)* visite chez mes grands-parents je **(14)** *(ne pas s'amuser)* du tout. En fait, je **(15)** *(s'ennuyer)* complètement.

**Céline:** Moi, non. Et en plus ils m' **(16)** *(donner)* cinq cents francs.

**Mélodie:** Ah, maintenant je **(17)** *(comprendre)*!

**Céline:** Mais non, c'est pas ça. Je **(18)** *(être)* vraiment contente de les revoir.

---

## EXERCICE B

*Récrivez dans le bon ordre.*

**Exemple**
1 Céline nous a écrit une lettre.

1 écrit nous lettre Céline a une
2 suis chez me ma amusée je ne pas tante
3 la l' invité Jean-Paul a à fête
4 a elle dit ne rien lui
5 vacances il en est-ce est qu' où parti?
6 parlé nous a prof le en

---

## EXERCICE C — FORMATION EXAMEN

*Répondez à ces questions de votre correspondant/votre correspondante.*

<<Tu m'as demandé si j'aime:
• faire du cheval
• dormir dans un château
• me promener à la montagne
• aller à la pêche
• danser la salsa
• partir en voyage avec l'école
• jouer au handball
• me coucher après trois heures du matin.

Pourquoi? Toi, tu as fait tout ça?>>

**Exemple**

| Oui | Non |
|---|---|
| J'ai ... | Je n'ai jamais ... |
| Je suis ... | Je ne suis jamais ... |

Make a list of the verbs in the perfect tense in the cartoon which:

- use *avoir*
- use *être*
- have the object pronoun *me*
- have the object pronoun *lui*.

63

# The imperfect tense

**1 Meaning**

The imperfect is the tense you use to translate 'I was working' or 'I used to work'.

**2 Formation**

It is easy to form. Take the *nous* part of the present tense (e.g. Group 1 verb: *travailler – nous travaillons*), remove the '*-ons*' and add these endings:

| | |
|---|---|
| *je travaillais* | *nous travaillions* |
| *tu travaillais* | *vous travailliez* |
| *il/elle/on travaillait* | *ils/elles travaillaient* |

This means that the imperfect of Group 2 (*-ir*) verbs like *finir* goes *je finissais*, etc.

**3 Exceptions**

The only exception to this rule is *être*, whose imperfect is *j'étais* ('I was' or 'I used to be').

**4 Special use of the imperfect**

*Et si on allait au cinéma?*    What about going to the cinema?

## EXERCICE A

*Quelquefois, Julien regrette son enfance. Faites correspondre.*

**Exemple**

**1C** Comme enfant, j'étais très heureux.

| | | | |
|---|---|---|---|
| **1** | Comme enfant, j' | **A** | m'ennuyais jamais. |
| **2** | Il y | **B** | jouions tranquillement ensemble. |
| **3** | Je ne | **C** | étais très heureux. |
| **4** | Les petits copains | **D** | étaient pas toujours derrière nous. |
| **5** | Nous | **E** | avait pas de devoirs. |
| **6** | En plus, on n' | **F** | était beaucoup mieux que maintenant. |
| **7** | Et nos parents n' | **G** | avait toujours quelque chose à faire. |
| **8** | Oui, c' | **H** | venaient tous les jours. |

## EXERCICE B

*La famille Lachance a gagné à la loterie. Remplissez les blancs dans cette description de ce qui a changé dans leur vie.*

**Exemple**

1  Avant, j' **avais** un vieux vélo. Maintenant j'ai un scooter neuf.
2  Avant, nous ___ en pleine campagne. Maintenant nous habitons en ville.
3  Avant, on ne ___ jamais en vacances. Maintenant on part souvent.
4  Avant, ma mère ___ six jours par semaine. Maintenant elle ne travaille plus.
5  Avant, mes parents ___ toujours fatigués. Maintenant ils ne sont jamais fatigués.
6  Avant, on n'___ jamais au restaurant. Maintenant on va souvent au restaurant.

*A vous d'inventer encore deux changements!*

## EXERCICE C

*La femme de Monsieur Pilau essayait de le contacter du matin au soir, mais il était toujours occupé. Que faisait-il ...*

1  à neuf heures et quart?
2  à dix heures?
3  à onze heures?
4  à midi?
5  à treize heures?
6  à quinze heures trente?
7  à dix-sept heures?

**Exemple**

A neuf heures et quart il écrivait un rapport.

```
A 9h il a écrit un rapport.
De 9h30 à 10h30 il a eu une réunion.
De 10h30 à 11h30 il a visité l'usine.
A 12h il a déjeuné au restaurant.
A 13h il a parlé au téléphone avec les
    Américains.
De 14h à 16h il a travaillé sur un
    problème technique.
A 17h il a reçu un collègue japonais.
```

## EXERCICE D

*Jean-Paul travaille pendant les grandes vacances. Il fait la même chose tous les jours.*

Il se lève à sept heures. Il quitte la maison à sept heures vingt et prend le bus. Il arrive au bureau et remplit son sac de dépliants. Puis il va en centre-ville et toute la matinée il distribue des dépliants. A midi il mange un sandwich. L'après-midi il travaille jusqu'à dix-sept heures puis il rentre chez lui, ennuyé et fatigué.

*Après la rentrée, on lui demande: <<Qu'est-ce tu faisais tous les jours?>> Ecrivez sa réponse.*

**Exemple**

Tous les jours je me levais ...

## EXERCICE E

*Récrivez ces phrases sous la forme 'Et si on ...'.*

**Exemple**

1  Et **si on regardait** une vidéo?

1  Tu veux regarder une vidéo?
2  Vous voulez prendre le bus?
3  On peut faire un pique-nique.
4  Tu aimerais aller à la piscine?

## EXERCICE F  FORMATION EXAMEN

*Inventez une réponse pour les situations suivantes, en utilisant un imparfait (ou plusieurs!) à chaque fois.*

**Exemple 1** Elle s'appelait Elodie ...

1  Vous avez rencontré une nouvelle copine en vacances. Votre ami vous demande: <<Comment s'appelait-elle? Comment était-elle?>>

2  Votre copain vous dit: <<J'ai essayé de te téléphoner dix fois hier soir, mais c'était toujours occupé. Que faisais-tu?>>

3  Vous avez perdu votre petite sœur et vous le dites à un gendarme. Il vous demande: <<Qu'est-ce qu'elle portait comme vêtements? Que faisait-t-elle quand tu l'as vue pour la dernière fois?>>

## What you need to know

The easiest way to talk about the future is to use a part of the verb *aller* together with an infinitive:

*Je **vais travailler** dur.*
*Tu **vas voir**!*
*Il/Elle/On **va faire** les courses.*
*Nous **allons jouer** au tennis.*
*Vous **allez rester** ici?*
*Ils/Elles **vont être** surpris!*

Many of these could be translated literally using 'going to ...' in English, but for others we would probably use the future 'will':

| | |
|---|---|
| *Je **vais travailler** dur.* | I'm **going to work** hard. |
| *Tu **vas voir**!* | You**'ll see**! |
| *Ils/Elles **vont être** surpris!* | They **will be** surprised! |

In other words, you can use *aller* + an infinitive to talk about the future, even where in English you couldn't use 'going to'.

## EXERCICE A

*Remplissez les blancs selon le modèle.*

| | |
|---|---|
| **Mère de Romain:** | Tu as fait tes maths? |
| **Romain:** | Je **(1)** vais faire mes maths demain. |
| **Mère de Romain:** | Tu as écrit à grand-mère? |
| **Romain:** | **(2)** ... |
| **Mère de Romain:** | Tu as rangé ta chambre? |
| **Romain:** | **(3)** ... |
| **Mère de Romain:** | Tu es allé à la poste? |
| **Romain:** | **(4)** ... |
| **Mère de Romain:** | Tu as pris rendez-vous chez le coiffeur? |
| **Romain:** | **(5)** ... |
| **Mère de Romain:** | Tu as réparé le vélo? |
| **Romain:** | **(6)** ... |
| **Mère de Romain:** | Tu as rendu l'argent à Fred? |
| **Romain:** | **(7)** ... C'est promis. |

## EXERCICE B  ◐ ◑

*Le petit frère de Romain ne va pas suivre son exemple.*
*Remplissez les blancs.*

**Exemple**

1  Mon frère ne joue pas d'instrument. Moi, je <u>vais</u> <u>jouer</u>
   de la guitare.
2  Lui, il a les cheveux longs. Moi, je ___ ___ les
   cheveux courts.
3  Lui, il ne gagne jamais d'argent. Moi, je ___ ___
   beaucoup d'argent.
4  Mon frère n'est pas célèbre. Moi, je ___ ___ célèbre.
5  Il ne travaille pas dur à l'école. Moi, je ___ ___ très
   dur.

## EXERCICE C  ◐ ◑

*Mettez au futur, en commençant par:*
*'Demain matin on **va prendre** le petit déjeuner ensemble.'*

> Le matin on prend le petit déjeuner ensemble.
> Ensuite ma mère part au travail et moi, je m'occupe
> du ménage. En fin de matinée Fred passe chez moi
> et on travaille ensemble sur notre projet
> d'informatique. L'après-midi je reste à la maison.
> Vers quinze heures les copains viennent et nous
> jouons un peu au ping-pong. Ils partent vers dix-
> sept heures et moi, je prépare le dîner. Ma mère et
> moi mangeons vers vingt heures. Après, on regarde
> un peu la télé. Puis, vers vingt-deux heures, je me
> couche.

## EXERCICE D  ◐ ◑

*Sophie n'est pas contente d'elle-même:*

1  Elle n'aide pas à faire la cuisine.
2  Elle ne fait pas toujours son lit.
3  Elle mange trop de bonbons.
4  Elle se lève tard.
5  Elle n'est pas gentille avec sa petite soeur.
6  Elle regarde des émissions stupides à la télé.
7  Elle ne fait pas assez de sport.
8  Elle se dispute pour rien.
9  Elle ne travaille pas au collège.

*Qu'est-ce qu'elle se dit?*

**Exemple**

1  Je **vais aider** à faire la cuisine.

## EXERCICE E  〔 FORMATION EXAMEN ● ● ● 〕

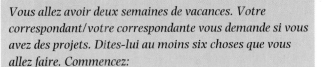

*Vous allez avoir deux semaines de vacances. Votre*
*correspondant/votre correspondante vous demande si vous*
*avez des projets. Dites-lui au moins six choses que vous*
*allez faire. Commencez:*

*<<Pendant les vacances je vais … >>*.

*Demandez-lui également ce qu'il/elle va faire, où il/elle va*
*aller, quels films il/elle va voir, etc.*

**Exemple**
Pendant les vacances je vais voyager en Europe.

# The future tense

## What you need to know

**1 Meaning**

You can use the future tense to say 'I will go...', 'it will be...', etc.

**2 Formation**

For regular verbs, add the future endings (see below) to the infinitive of the verb. The last -e of Group 3 verbs (-re verbs) is left out:

|  | Group 1 (-er) | Group 2 (-ir) | Group 3 (-re) |
|---|---|---|---|
| je | regarder**ai** | finir**ai** | attendr**ai** |
| tu | regarder**as** | finir**as** | attendr**as** |
| il/elle/on | regarder**a** | finir**a** | attendr**a** |
| nous | regarder**ons** | finir**ons** | attendr**ons** |
| vous | regarder**ez** | finir**ez** | attendr**ez** |
| ils/elles | regarder**ont** | finir**ont** | attendr**ont** |

For irregular verbs, the endings are the same, but the 'stem' (the part you fit the endings onto) is different in each case, i.e. the infinitive is not always used.

You should learn these by heart. The commonest ones are given here (but a more extensive list can be found on pages 74 and 75).

| aller | j'**ir**ai | mettre | je **mettr**ai |
|---|---|---|---|
| avoir | j'**aur**ai | partir | je **partir**ai |
| devoir | je **devr**ai | pouvoir | je **pourr**ai |
| dire | je **dir**ai | prendre | je **prendr**ai |
| dormir | je **dormir**ai | savoir | je **saur**ai |
| écrire | j'**écrir**ai | sortir | je **sortir**ai |
| être | je **ser**ai | venir | je **viendr**ai |
| faire | je **fer**ai | voir | je **verr**ai |
| lire | je **lir**ai · | vouloir | je **voudr**ai |

**3 Future implied**

In the cartoon Sophie says to her brother: <<*Je te le prêterai quand tu voudras.*>> In English we would say: 'I'll lend it to you when you want.' In French, you say in effect: 'I'll lend it to you **when you will want**'. In other words, if the future is implied, all the verbs you use have to be in the future tense.

## EXERCICE A

*(Regular verbs – Groups 1, 2 & 3)*

*Nadia a des ambitions dans le monde du pop. Faites correspondre.*

**Exemple**

**1F** Je formerai un groupe célèbre.

| 1 | Je | A | vendra des milliers de disques. |
|---|----|---|---------------------------------|
| 2 | Tu | B | entrerons tout de suite dans le hit-parade. |
| 3 | On ne | | |
| 4 | On | C | finirez par comprendre. |
| 5 | Nous ne | D | entendras parler de nous. |
| 6 | Nous | E | parleront de nous partout dans le monde. |
| 7 | Vous | | |
| 8 | Les gens | F | formerai un groupe célèbre. |
| | | G | perdrons pas notre temps. |
| | | H | choisira pas un nom comme les autres. |

## EXERCICE B

*Julien a pris des décisions personnelles importantes. Mettez les verbes au futur.*

**Exemple**

**1** Je **porterai** des vêtements plus cool.

1 Je vais porter des vêtements plus cool.
2 Je vais garder mes baskets plus propres.
3 Je vais réfléchir avant d'ouvrir la bouche.
4 Je ne vais pas oublier de me coiffer le matin.
5 Je ne vais pas chanter en public.
6 Je vais attendre plus longtemps avant de dire ce que je pense.
7 Je ne vais pas manger comme un cochon.
8 Je ne vais pas raconter de blagues stupides.
9 Je vais me laver le visage avant d'aller à l'école.

## EXERCICE C

*(Irregular verbs)*

*Céline imagine sa vie idéale. Récrivez en mettant les verbes au futur.*

**Exemple**

Il **fera** beau tout le temps.

Il fait beau tout le temps. Tous les garçons sont beaux et intelligents. Il y a de belles maisons partout. On prend du champagne quand on a soif. Les gens sortent tous les soirs. Ils partent en vacances quand ils veulent. On voit tous les derniers films et on va chaque après-midi à la plage.

## EXERCICE D

*En mettant les verbes au futur, utilisez ces phrases pour en faire quatre ou cinq horoscopes différents.*

**Exemple**

**1** Il **se passera** quelque chose ...

- Il *(se passer)* quelque chose d'extraordinaire cette semaine.
- Tu *(faire)* une découverte remarquable.
- Tu *(être)* un peu confus.
- Tout *(aller)* mieux en fin de semaine.
- Tu *(pouvoir)* faire ce que tu *(vouloir)*.
- La vie ne *(être)* plus jamais la même.
- Tu *(avoir)* une grosse surprise.
- Tu *(devoir)* faire très attention.
- Quelqu'un de ton passé *(venir)* te voir.
- La semaine *(commencer)* difficilement mais tout *(finir)* bien.
- Tu ne *(savoir)* pas comment réagir.
- Un ami *(dire)* des choses que tu ne *(comprendre)* pas.

## EXERCICE E

*Proposez une solution à chacun de ces problèmes, en utilisant un verbe au futur!*

**Exemple**

1 – On a raté le train!
  – Pas de problème. On prendra le bus.

1 – On a raté le train!
2 – Je ne comprends pas cet exercice.
3 – Quoi! Le restaurant est complet?
4 – Cette fête est vraiment nulle!
5 – Oh là là! La télé ne marche pas.
6 – Mais où est ce musée? On cherche depuis une demi-heure!

# Verbs followed by the infinitive

## What you need to know

Infinitives (e.g. *travailler* – see page 35) can be linked to other verbs in three ways:

**a** directly:     *il va travailler*
**b** using *à*:     *il commence **à** travailler*
**c** using *de*:     *il décide **de** travailler*

It is the verb that comes before the infinitive that determines which link you must use.

**a**   These verbs link up directly:

| | | | |
|---|---|---|---|
| *adorer* | *détester* | *il faut* | *préférer* |
| *aimer* | *devoir* | *laisser* | *savoir* |
| *aller* | *espérer* | *pouvoir* | *vouloir* |

**b**   These verbs link up using *à*:

| | |
|---|---|
| *aider à* | *commencer à* |
| *apprendre à* | *encourager à* |
| *arriver à* (in the sense of 'to manage to') | *inviter à* |

**c**   These verbs link up using *de*:

| | |
|---|---|
| *avoir besoin de* | *finir de* |
| *avoir envie de* | *il suffit de* ('all you have to do is ...') |
| *décider de* | |
| *demander* | *oublier de* |
|   *(à quelqu'un) de* | *venir de* (meaning 'to |
| *essayer de* | have just ...')* |

\* To say you 'have just done something', use the present tense of *venir* + *de* + the infinitive:

*Je **viens de l'acheter**.*     I **have just bought** it.

Note that after *continuer* you can use either *à* or *de*.

70

## EXERCICE A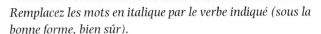

*'A', 'de' ou rien du tout?*

**Romain:** Les voisins m'ont demandé **(1)** _de_ faire du babysitting.

**Sophie:** Moi, j'adore **(2)** ___ faire ça.

**Romain:** Tu peux **(3)** ___ le faire, si tu veux.

**Sophie:** Pourquoi? Tu n'as pas envie **(4)** ___ le faire?

**Romain:** Non. Je n'arrive pas **(5)** ___ contrôler les gosses.

**Sophie:** Il suffit **(6)** ___ jouer un jeu avec eux. Après, tu les laisses **(7)** ___ lire au lit.

**Romain:** Mais ils ne veulent jamais **(8)** ___ faire ce que je dis.

**Sophie:** Il faut **(9)** ___ apprendre **(10)** ___ comprendre les enfants.

**Romain:** D'accord. J'ai décidé **(11)** ___ ne pas faire de babysitting. Je vais **(12)** ___ donner ton numéro aux voisins.

## EXERCICE B

*Remplacez les mots en italique par le verbe indiqué (sous la bonne forme, bien sûr).*

**Exemple**

1 Tu **veux** faire un échange?

1 Tu as décidé de faire un échange? *(vouloir)*
2 Je ne peux pas réparer ce pneu. *(arriver à)*
3 Nous voulons contacter Mélodie. *(essayer de)*
4 Vous n'avez pas besoin de remplir ça. *(devoir)*
5 Qui veut manger? *(avoir envie de)*
6 Mes parents vont partir aux Antilles. *(espérer)*
7 Est-ce que vous apprenez à parler espagnol? *(pouvoir)*

## EXERCICE C

*Qu'est-ce qu'ils viennent de faire?*

**Exemple**

1 Ils **viennent de** jouer ensemble.

1 Les enfants dans le dernier dessin de la page 56.
2 Romain dans le dernier dessin de la page 8.
3 Les filles dans le premier dessin de la page 40.
4 Le professeur dans le troisième dessin de la page 55.
5 Romain dans les dessins de la page 60.

## EXERCICE D

*Julien est en colonie. Il a vu une fille qu'il trouve super. Lisez la conversation, puis complétez les phrases ci-dessous, en utilisant des infinitifs.*

**Romain:** Tu l'as vue aujourd'hui, la fille de tes rêves?

**Julien:** Oui, je l'ai vue il y a dix minutes!

**Romain:** Tu lui as parlé?

**Julien:** J'ai essayé, mais …

**Romain:** Tu as demandé son nom au moins?

**Julien:** Non, j'ai oublié.

**Romain:** Et si elle voulait sortir avec toi?

**Julien:** Je sais qu'elle ne veut pas.

**Romain:** Comment sais-tu? Tu l'as invitée?

**Julien:** Non. Ecoute, je ne sais pas parler aux filles!

**Romain:** Pas de problème. Tu vas apprendre.

**Exemple**

1 Julien vient de voir la fille de ses rêves.

1 Julien vient de …
2 Il a essayé …
3 Il a oublié …
4 Il est sûr qu'elle ne veut pas …
5 Il ne l'a pas invitée …
6 Maintenant il va apprendre …

## EXERCICE E  FORMATION EXAMEN

*Répondez à ces questions de votre correspondant/votre correspondante.*

<<Est-ce que tu viens de passer des examens ou est-ce que tu vas les passer? Dans ce cas, tu as commencé à réviser? Qu'est-ce que tu veux faire comme études? Et comme métier? Qu'est-ce que tu aimes faire pendant ton temps libre? Et qu'as-tu décidé de faire pendant les grandes vacances?>>

**Exemple**

Oui, je viens de passer un examen d'histoire et bientôt …

# Combining different tenses

## EXERCICE A ● ●

*Recopiez ce tableau et écrivez les verbes sous la bonne catégorie.*

**Exemple**

| passé | présent | futur |
|---|---|---|
| elle est arrivée | | |

| | |
|---|---|
| **elle est arrivée** | **vous irez** |
| *nous allons partir* | *il va payer* |
| **tu veux rester?** | **nous habitions** |
| ils étaient | tu habiteras |
| on espère | *je me baigne* |
| **je suis né** | ***elles ont compris*** |

## EXERCICE B ● ● ●

*Ecrivez le verbe sous la bonne forme, en choisissant un temps qui correspond.*

**Exemple**

1   En ce moment on **fait** de la pizza.

1   En ce moment on *(faire)* de la pizza.

2   L'année dernière nous *(aller)* à Rome.

3   En ce moment je *(lire)* un roman situé en Italie.

4   Dans trois semaines on *(aller)* à Venise.

5   Quand j'ai l'occasion, je *(essayer)* de parler italien.

6   Hier je *(acheter)* un livre de grammaire.

7   Nous *(voir)* un film italien la semaine prochaine.

8   Il y a sept ans nous *(passer)* des vacances à Florence.

9   Je *(avoir)* une correspondante italienne depuis deux ans.

10  Quand elle est chez elle, on *(se téléphoner)* tous les mois.

## EXERCICE C ● ● ●

*Répondez à la question en suivant le modèle.*

**Exemple**

1   –   Tu vas dormir, n'est-ce pas?
    –   Oui. Je n'ai pas encore dormi, mais je dormirai plus tard.

1   –   Tu vas dormir, n'est-ce pas?
2   –   Tu vas partir, n'est-ce pas.
3   –   Tu vas réserver, n'est-ce pas?
4   –   Tu vas te laver, n'est-ce pas?
5   –   Il va téléphoner, n'est-ce pas?
6   –   Elles vont sortir, n'est-ce pas?

## EXERCICE D   FORMATION EXAMEN ● ● ●

*Imaginez que vous êtes en colonie de vacances. Voici le programme d'activités. On est mardi. Qu'est-ce que vous avez fait hier? Qu'est-ce que vous faites aujourd'hui? Et qu'est-ce que vous allez faire demain et après-demain?*

| | matin | après-midi | soir |
|---|---|---|---|
| lundi | volley, foot ou vélo | baignade | chansons |
| mardi | équitation ou basketball | visite du château | en ville |
| mercredi | canoë-kayak ou escalade | randonnée ou volley | temps libre |
| jeudi | temps libre | spéléo ou voile | film |

**Exemple**

Hier matin j'ai fait du volley. L'après-midi ...

72

**Make a list of the verbs in the cartoon in each of the following tenses:**

- the present
- the future
- the perfect
- the imperfect.

# Table of irregular verbs

| Infinitive/ meaning | Present tense | Perfect tense | Imperfect tense | Future tense/ simple future |
|---|---|---|---|---|
| aller<br>*to go* | je vais<br>tu vas<br>il/elle va<br>nous allons<br>vous allez<br>ils/elles vont | je suis allé(e)<br>tu es allé(e)<br>il/elle est allé(e)<br>nous sommes allé(e)s<br>vous êtes allé(e)(s)<br>ils/elles sont allé(e)s | j'allais<br>tu allais<br>il/elle allait<br>nous allions<br>vous alliez<br>ils/elles allaient | j'irai<br>tu iras<br>il/elle ira<br>nous irons<br>vous irez<br>ils/elles iront<br>*je vais aller, etc.* |
| avoir<br>*to have* | j'ai<br>tu as<br>il/elle a<br>nous avons<br>vous avez<br>ils/elles ont | j'ai eu<br>tu as eu<br>il/elle a eu<br>nous avons eu<br>vous avez eu<br>ils/elles ont eu | j'avais<br>tu avais<br>il/elle avait<br>nous avions<br>vous aviez<br>ils/elles avaient | j'aurai<br>tu auras<br>il/elle aura<br>nous aurons<br>vous aurez<br>ils/elles auront<br>*je vais avoir, etc.* |
| boire<br>*to drink* | je bois<br>tu bois<br>il/elle boit<br>nous buvons<br>vous buvez<br>ils/elles boivent | j'ai bu<br>tu as bu<br>il/elle a bu<br>nous avons bu<br>vous avez bu<br>ils/elles ont bu | je buvais<br>tu buvais<br>il/elle buvait<br>nous buvions<br>vous buviez<br>ils/elles buvaient | je boirai<br>tu boiras<br>il/elle boira<br>nous boirons<br>vous boirez<br>ils/elles boiront<br>*je vais boire, etc.* |
| conduire<br>*to drive* | je conduis<br>tu conduis<br>il/elle conduit<br>nous conduisons<br>vous conduisez<br>ils/elles conduisent | j'ai conduit<br>tu as conduit<br>il/elle a conduit<br>nous avons conduit<br>vous avez conduit<br>ils/elles ont conduit | je conduisais<br>tu conduisais<br>il/elle conduisait<br>nous conduisions<br>vous conduisiez<br>ils/elles conduisaient | je conduirai<br>tu conduiras<br>il/elle conduira<br>nous conduirons<br>vous conduirez<br>ils/elles conduiront<br>*je vais conduire, etc.* |
| connaître<br>*to know* | je connais<br>tu connais<br>il/elle connaît<br>nous connaissons<br>vous connaissez<br>ils/elles connaissent | j'ai connu<br>tu as connu<br>il/elle a connu<br>nous avons connu<br>vous avez connu<br>ils/elles ont connu | je connaissais<br>tu connaissais<br>il/elle connaissait<br>nous connaissions<br>vous connaissiez<br>ils/elles connaissaient | je connaîtrai<br>tu connaîtras<br>il/elle connaîtra<br>nous connaîtrons<br>vous connaîtrez<br>ils/elles connaîtront<br>*je vais connaître, etc.* |
| devoir<br>*to have to, must* | je dois<br>tu dois<br>il/elle doit<br>nous devons<br>vous devez<br>ils/elles doivent | j'ai dû<br>tu as dû<br>il/elle a dû<br>nous avons dû<br>vous avez dû<br>ils/elles ont dû | je devais<br>tu devais<br>il/elle devait<br>nous devions<br>vous deviez<br>ils/elles devaient | je devrai<br>tu devras<br>il/elle devra<br>nous devrons<br>vous devrez<br>ils/elles devront<br>*je vais devoir, etc.* |
| dire<br>*to say, tell* | je dis<br>tu dis<br>il/elle dit<br>nous disons<br>vous dites<br>ils/elles disent | j'ai dit<br>tu as dit<br>il/elle a dit<br>nous avons dit<br>vous avez dit<br>ils/elles ont dit | je disais<br>tu disais<br>il/elle disait<br>nous disions<br>vous disiez<br>ils/elles disaient | je dirai<br>tu diras<br>il/elle dira<br>nous dirons<br>vous direz<br>ils/elles diront<br>*je vais dire, etc.* |
| dormir<br>*to sleep* | je dors<br>tu dors<br>il/elle dort<br>nous dormons<br>vous dormez<br>ils/elles dorment | j'ai dormi<br>tu as dormi<br>il/elle a dormi<br>nous avons dormi<br>vous avez dormi<br>ils/elles ont dormi | je dormais<br>tu dormais<br>il/elle dormait<br>nous dormions<br>vous dormiez<br>ils/elles dormaient | je dormirai<br>tu dormiras<br>il/elle dormira<br>nous dormirons<br>vous dormirez<br>ils/elles dormiront<br>*je vais dormir, etc.* |
| écrire<br>*to write* | j'écris<br>tu écris<br>il/elle écrit<br>nous écrivons<br>vous écrivez<br>ils/elles écrivent | j'ai écrit<br>tu as écrit<br>il/elle a écrit<br>nous avons écrit<br>vous avez écrit<br>ils/elles ont écrit | j'écrivais<br>tu écrivais<br>il/elle écrivait<br>nous écrivions<br>vous écriviez<br>ils/elles écrivaient | j'écrirai<br>tu écriras<br>il/elle écrira<br>nous écrirons<br>vous écrirez<br>ils/elles écriront<br>*je vais écrire, etc.* |
| être<br>*to be* | je suis<br>tu es<br>il/elle est<br>nous sommes<br>vous êtes<br>ils/elles sont | j'ai été<br>tu as été<br>il/elle a été<br>nous avons été<br>vous avez été<br>ils/elles ont été | j'étais<br>tu étais<br>il/elle était<br>nous étions<br>vous étiez<br>ils/elles étaient | je serai<br>tu seras<br>il/elle sera<br>nous serons<br>vous serez<br>ils/elles seront<br>*je vais être, etc.* |
| faire<br>*to do, make* | je fais<br>tu fais<br>il/elle fait<br>nous faisons<br>vous faites<br>ils/elles font | j'ai fait<br>tu as fait<br>il/elle a fait<br>nous avons fait<br>vous avez fait<br>ils/elles ont fait | je faisais<br>tu faisais<br>il/elle faisait<br>nous faisions<br>vous faisiez<br>ils/elles faisaient | je ferai<br>tu feras<br>il/elle fera<br>nous ferons<br>vous ferez<br>ils/elles feront<br>*je vais faire, etc.* |
| falloir<br>*to have to, must* | il faut | il a fallu | il fallait | il faudra<br>*il va falloir* |

| Infinitive/meaning | Present tense | Perfect tense | Imperfect tense | Future tense/simple future |
|---|---|---|---|---|
| rire — to laugh | je ris<br>tu ris<br>il/elle rit<br>nous rions<br>vous riez<br>ils/elles rient | j'ai ri<br>tu as ri<br>il/elle a ri<br>nous avons ri<br>vous avez ri<br>ils/elles ont ri | je riais<br>tu riais<br>il/elle riait<br>nous riions<br>vous riiez<br>ils/elles riaient | je rirai<br>tu riras<br>il/elle rira<br>nous rirons<br>vous rirez<br>ils/elles riront<br>*je vais rire, etc.* |
| savoir — to know | je sais<br>tu sais<br>il/elle sait<br>nous savons<br>vous savez<br>ils/elles savent | j'ai su<br>tu as su<br>il/elle a su<br>nous avons su<br>vous avez su<br>ils/elles ont su | je savais<br>tu savais<br>il/elle savait<br>nous savions<br>vous saviez<br>ils/elles savaient | je saurai<br>tu sauras<br>il/elle saura<br>nous saurons<br>vous saurez<br>ils/elles sauront<br>*je vais savoir, etc.* |
| sortir — to go out | je sors<br>tu sors<br>il/elle sort<br>nous sortons<br>vous sortez<br>ils/elles sortent | je suis sorti(e)<br>tu es sorti(e)<br>il/elle est sorti(e)<br>nous sommes sorti(e)s<br>vous êtes sorti(e)s<br>ils/elles sont sorti(e)s | je sortais<br>tu sortais<br>il/elle sortait<br>nous sortions<br>vous sortiez<br>ils/elles sortaient | je sortirai<br>tu sortiras<br>il/elle sortira<br>nous sortirons<br>vous sortirez<br>ils/elles sortiront<br>*je vais sortir, etc.* |
| venir — to come | je viens<br>tu viens<br>il/elle vient<br>nous venons<br>vous venez<br>ils/elles viennent | je suis venu(e)<br>tu es venu(e)<br>il/elle est venu(e)<br>nous sommes venu(e)s<br>vous êtes venu(e)s<br>ils/elles sont venu(e)s | je venais<br>tu venais<br>il/elle venait<br>nous venions<br>vous veniez<br>ils/elles venaient | je viendrai<br>tu viendras<br>il/elle viendra<br>nous viendrons<br>vous viendrez<br>ils/elles viendront<br>*je vais venir, etc.* |
| voir — to see | je vois<br>tu vois<br>il/elle voit<br>nous voyons<br>vous voyez<br>ils/elles voient | j'ai vu<br>tu as vu<br>il/elle a vu<br>nous avons vu<br>vous avez vu<br>ils/elles ont vu | je voyais<br>tu voyais<br>il/elle voyait<br>nous voyions<br>vous voyiez<br>ils/elles voyaient | je verrai<br>tu verras<br>il/elle verra<br>nous verrons<br>vous verrez<br>ils/elles verront<br>*je vais voir, etc.* |
| vouloir — to want | je veux<br>tu veux<br>il/elle veut<br>nous voulons<br>vous voulez<br>ils/elles veulent | j'ai voulu<br>tu as voulu<br>il/elle a voulu<br>nous avons voulu<br>vous avez voulu<br>ils/elles ont voulu | je voulais<br>tu voulais<br>il/elle voulait<br>nous voulions<br>vous vouliez<br>ils/elles voulaient | je voudrai<br>tu voudras<br>il/elle voudra<br>nous voudrons<br>vous voudrez<br>ils/elles voudront<br>*je vais vouloir, etc.* |

| Infinitive/meaning | Present tense | Perfect tense | Imperfect tense | Future tense/simple future |
|---|---|---|---|---|
| lire — to read | je lis<br>tu lis<br>il/elle lit<br>nous lisons<br>vous lisez<br>ils/elles lisent | j'ai lu<br>tu as lu<br>il/elle a lu<br>nous avons lu<br>vous avez lu<br>ils/elles ont lu | je lisais<br>tu lisais<br>il/elle lisait<br>nous lisions<br>vous lisiez<br>ils/elles lisaient | je lirai<br>tu liras<br>il/elle lira<br>nous lirons<br>vous lirez<br>ils/elles liront<br>*je vais lire, etc.* |
| mettre — to put, put on | je mets<br>tu mets<br>il/elle met<br>nous mettons<br>vous mettez<br>ils/elles mettent | j'ai mis<br>tu as mis<br>il/elle a mis<br>nous avons mis<br>vous avez mis<br>ils/elles ont mis | je mettais<br>tu mettais<br>il/elle mettait<br>nous mettions<br>vous mettiez<br>ils/elles mettaient | je mettrai<br>tu mettras<br>il/elle mettra<br>nous mettrons<br>vous mettrez<br>ils/elles mettront<br>*je vais mettre, etc.* |
| ouvrir — to open | j'ouvre<br>tu ouvres<br>il/elle ouvre<br>nous ouvrons<br>vous ouvrez<br>ils/elles ouvrent | j'ai ouvert<br>tu as ouvert<br>il/elle a ouvert<br>nous avons ouvert<br>vous avez ouvert<br>ils/elles ont ouvert | j'ouvrais<br>tu ouvrais<br>il/elle ouvrait<br>nous ouvrions<br>vous ouvriez<br>ils/elles ouvraient | j'ouvrirai<br>tu ouvriras<br>il/elle ouvrira<br>nous ouvrirons<br>vous ouvrirez<br>ils/elles ouvriront<br>*je vais ouvrir etc.* |
| partir — to leave, go away | je pars<br>tu pars<br>il/elle part<br>nous partons<br>vous partez<br>ils/elles partent | je suis parti(e)<br>tu es parti(e)<br>il/elle est parti(e)<br>nous sommes parti(e)s<br>vous êtes parti(e)s<br>ils/elles sont parti(e)s | je partais<br>tu partais<br>il/elle partait<br>nous partions<br>vous partiez<br>ils/elles partaient | je partirai<br>tu partiras<br>il/elle partira<br>nous partirons<br>vous partirez<br>ils/elles partiront<br>*je vais partir, etc.* |
| pouvoir — to be able to, can | je peux<br>tu peux<br>il/elle peut<br>nous pouvons<br>vous pouvez<br>ils/elles peuvent | j'ai pu<br>tu as pu<br>il/elle a pu<br>nous avons pu<br>vous avez pu<br>ils/elles ont pu | je pouvais<br>tu pouvais<br>il/elle pouvait<br>nous pouvions<br>vous pouviez<br>ils/elles pouvaient | je pourrai<br>tu pourras<br>il/elle pourra<br>nous pourrons<br>vous pourrez<br>ils/elles pourront<br>*je vais pouvoir, etc.* |
| prendre — to take | je prends<br>tu prends<br>il/elle prend<br>nous prenons<br>vous prenez<br>ils/elles prennent | j'ai pris<br>tu as pris<br>il/elle a pris<br>nous avons pris<br>vous avez pris<br>ils/elles ont pris | je prenais<br>tu prenais<br>il/elle prenait<br>nous prenions<br>vous preniez<br>ils/elles prenaient | je prendrai<br>tu prendras<br>il/elle prendra<br>nous prendrons<br>vous prendrez<br>ils/elles prendront<br>*je vais prendre, etc.* |

**A**

d' **accord** all right
**acheter** to buy
**actualités** *(f pl)* news
**affaires** *(f pl)* things
**affreux/-se** awful
**âgé(e)** old
**aider** to help
**aimer** to like
avoir l' **air** to look like
**ajouter** to add
**alors** so
**ambiance** *(f)* atmosphere
**ami** *(m)* friend
s' **amuser** to enjoy yourself
**anglais** *(m)* English
**animal** *(m)* **animaux** *(pl)* animal
**année** *(f)* year
**anniversaire** *(m)* birthday
**Antilles** *(f pl)* West Indies
**appeler** to call
**apprendre** to learn
s' **approcher** to approach
**après** after
* **-demain** the day after tomorrow
* **-midi** *(m)* afternoon
**arbre** *(m)* tree
**arc-en-ciel** *(m)* rainbow
**arènes** *(f pl)* arena
**argent** *(m)* money
s' **arrêter** to stop
**arriver** to arrive
* **à** to happen; succeed
**artisan** *(m)* craftsman
**assez** enough
**assis** (*from* **asseoir**) **(Je me suis
assis)** I sat down
s' **attacher** to put on your seat belt
**attendre** to wait
**attention!** be careful
**auberge de jeunesse** *(f)* youth
hostel
**aucun(e)** no
**aussi** as, also
**autoroute** *(f)* motorway
**autre** other
c'est **autre chose** that's different
**avancer** to progress
**avant de** before
**avion** *(m)* plane
à ton **avis** in your opinion

**B**

**baignade** *(f)* swimming
se **baigner** to go swimming
**bande dessinée** *(f)* cartoon
en **bas** at the bottom
**baskets** *(f pl)* trainers
se **battre** to fight
**beau/belle** nice, lovely
**beaucoup** a lot, much, many

avoir **besoin de** to need
**bien sûr** of course
**bière** *(f)* beer
**billet** *(m)* ticket
**biscuit** *(m)* biscuit
**bêtise** *(f)* stupid thing
**blanc** *(m)* gap
**boire** to drink
**bon(ne)** right, good
**bonbon** *(m)* sweet
**bouteille** *(f)* bottle
**bronzage** *(m)* sunbathing
**brouillard** *(m)* fog
**bruit** *(m)* noise
**bu** (*from* **boire**) drank
**bulletin scolaire** *(m)* school
report
**bureau** *(m)* desk
**bâton** *(m)* stick

**C**

**ça y est**! that's it!
**cadeau** *(m)* present
**café** *(m)* cafe
**calme** *(m)* peace and quiet
**canapé** *(m)* sofa
**capitale** *(f)* capital
**carte** *(f)* card
* **postale** *(f)* postcard
**carton** *(m)* cardboard
**ce que, ce qui** what
**ce/cet/cette** this, that
**célèbre** famous
**celui-là/celle-là** that one
**centre commercial** *(m)* shopping
centre
**centre-ville** *(m)* town centre
**chacun(e)** each one
**chambre** *(f)* bedroom
**chance** *(f)* luck, chance
**changement** *(m)* change
**chanson** *(f)* song
**chaîne hif-fi** *(f)* stereo
**chaque** each
**chasser** to hunt
**chaussure** *(f)* shoe
**chercher** to look for
**cheveux** *(m pl)* hair
**chips** *(m pl)* crisps
**chocolat** *(m)* chocolate
**choisir** to choose
**choix** *(m)* choice
au **chômage** unemployed
**chose** *(f)* thing
**ci-dessous** below
**ciao!** bye!
**c'est pour ça** that's why
**c'est quoi comme** ...? what sort
of ... is it?
**c'est à dire** that is

**clair(e)** obvious, clear
**classeur** *(m)* folder
**clé** *(f)* key
**coiffeuse** *(f)* hairdresser
**coiffure** *(f)* hairstyle
**collège** *(m)* secondary school
**colonie de vacances** *(f)* summer
camp
**comme** like, as
* **ça** like that
**commencer** to start
**comment** how
**complet** full
**comprendre** to understand
**compter (sur)** to count (on)
**conduire** to drive
**conduite** *(f)* driving
**connaître** to know
**construire** to build
**copain/copine** *(m/f)* friend
**corps** *(m)* body
faites **correspondre** (*from*
**correspondre**) match up
se **coucher** to go to bed
**couleur** *(f)* colour
**courir après** to be after, chase
**cours** *(m)* lesson
**courses** *(f pl)* shopping
**cousine** *(f)* female cousin
à **côté** next to
**coûter** to cost
**crétin** *(m)* idiot, moron
**croire** to believe
**cuisine** *(f)* cooking, kitchen
**culot** *(m)* cheek!
**culture générale** *(f)* general
knowledge

**D**

**dangereux/-se** dangerous
**danse** *(f)* dancing
**déçu(e)** disappointed
**décevant(e)** disappointing
**découvrir** to discover
**décris** (*from* **décrire**) describe
**déjà** already
**demain** tomorrow
**demander** to ask
**déménager** to move (house)
**dépliant** *(m)* leaflet
**depuis** for, since
**déranger** to disturb
**dernier/dernière** last
**descendre** to get out of, go down
**désolé(e)** sorry
**dessin** *(m)* drawing
**dessiner** to draw
**détester** to hate
**devenir** to become
vous **devez** (*from* **devoir**) you have to

**deviner** to guess
**devoir** to have to, must
**devoirs** *(m pl)* homework
**difficile** difficult
**dimanche** *(m)* Sunday
**dire** to say, tell
se **disputer** to argue
**disque** *(m)* record
**distraction** *(f)* entertainment
**distribuer** to hand out
il/elle **doit** (*from* **devoir**) has to, must
**donc** so
**donner** to give
**\* à manger** to feed
**dormir** to sleep
**dos** *(m)* back
**douche** *(f)* shower
**draguer** to chat up
**dur(e)** hard

**E**

**eau** *(f)* water
en **échange** in exchange
**écharpe** *(f)* scarf
**école** *(f)* school
**écolo** *(m)* environmentalist
faire des **économies** *(f pl)* to save up
**écouter** to listen to
**écrivez** (*from* **écrire**) write
**également** also
**eh beh** well
**élève** *(m)* pupil
**embêter** to annoy
**émission** *(f)* programme
**emploi** *(m)* job
**emprunter** to borrow
**encore** again
**encourager** to cheer up
s' **endormir** to go to sleep
**endroit** *(m)* place
**enfant** *(m)* child
**ennuyeux/-se** boring
**enregistrer** to record
**ensemble** together
s' **énerver** to get annoyed
s' **ennuyer** to get bored
**entendre** to hear
s' **entendre** to get along
**entendu?** agreed?
s' **entraîner** to train
**entre** between
avoir **envie de** to want to, feel like
**envoyer** to send
**équipe** *(f)* team
**équitation** *(f)* horse riding
**erreur** *(f)* mistake
**escalade** *(f)* rock climbing
**espérer** to hope
**essayer** to try
**Etats-Unis** *(m pl)* United States

**été** *(m)* summer
**étroit(e)** narrow
**être** to be
**études** *(f pl)* studies
**étudier** to study
**eu** (*from* **avoir**) had
**examen** *(m)* exam
s' **excuser** to be sorry
**expliquer** to explain

**F**

**facile** easy
**faire** to do, make
**faites-le** (*from* **faire**) do it
**fatigué(e)** tired
il **faut** you have to
**femme** *(f)* wife, woman
**feutre** *(m)* felt tip pen
**fille** *(f)* girl
**film** *(m)* film
**fils** *(m)* son
**finir** to finish
**fête** *(f)* party
**fleur** *(f)* flower
**fois** *(f)* time
**fonctionnaire** *(m)* civil servant
**foot** *(m)* football
**fort(e) en maths** good at maths
**fou/folle** mad
**français** *(m)* French
**franchement** frankly
**fraîs/fraîche** cold
**frère** *(m)* brother
**frite** *(f)* chip
**froid** cold
se **fâcher** to get angry

**G**

**gagner** to win
**garçon** *(m)* boy
**garder** to keep
**gare** *(f)* station
**gars** *(m)* buy
**gendarme** *(m)* policeman
**génial!** cool!
**gens** *(m pl)* people
**géographie** *(f)* geography
**glace** *(f)* ice cream
**gorge** *(f)* throat
**gosse** *(m)* kid
**goût** *(m)* taste
**grand(e)** tall, big
pas **grand-chose** not much
**Grèce** *(f)* Greece
**gros mot** *(m)* rude word
**groupe** *(m)* group
**guerre** *(f)* war
**gâteau** *(m)* cake

**H**

s' **habiller** to get dressed
**hier** yesterday

**histoire** *(f)* history, story
**hiver** *(m)* winter
**homme d'affaires** *(m)* businessman
**horreur** *(f)* horror
**hôtel** *(m)* hotel
**\* de ville** *(m)* town hall

**I**

**idée** *(f)* idea
**idiot** *(m)* idiot
**il y a** there is, there are; ago
**imbécile** *(m)* idiot
qu' **importe** what does it matter?
**impressionner** to impress
s' **inquiéter** to worry
**incroyable** incredible
**infect(e)** disgusting
**infirmière** *(f)* nurse
**informatique** *(f)* I.T.
**intello** *(m)* intellectual
**intérieur** *(m)* inside
vous **irez** (*from* **aller**) you will go
**Italie** *(f)* Italy

**J**

**jamais** never
**jambe** *(f)* leg
**jardin** *(m)* garden
**jaune** yellow
**jeter un coup d'oeil** to glance
**jeu de société** *(m)* board game
**jeune** young
**joli(e)** pretty
**jouer** to play
**jouet** *(m)* toy
**jour** *(m)* day
ces **jours-ci** these days
**journée** *(f)* day
**jupe** *(f)* skirt
**jus** *(m)* juice
**jusqu à** until

**K**

**karting** *(m)* go-carting

**L**

**là où** (in the place) where
**là-bas** over there
**lac** *(m)* lake
**laisser** to leave, let
**lait** *(m)* milk
**langue** *(f)* language
se **laver** to wash
se **lever** to get up
**lézard** *(m)* lizard
**libre** free
**limonade** *(f)* lemonade
**linge** *(m)* washing
**lire** to read
**lisez** (*from* **lire**) read
**lit** *(m)* bed
**lui** him

**77**

à **lui** his
**lundi** Monday

**M**

**magasin** *(m)* shop
**magazine** *(f)* magazine
**maintenant** now
**maison** *(f)* house
**\* de jeunes** *(f)* youth club
**mal** bad
se faire **mal** to hurt yourself
**manger** to eat
**maquette** *(f)* model
**marché** *(m)* market
**marcher** to walk
**mardi** Tuesday
**mari** *(m)* husband
se **marier avec** to get married to
**Maroc** *(m)* Morocco
**marque** *(f)* make
j'en ai **marre** I'm fed up with it
**mars** March
**maths** *(f pl)* maths
**matière** *(f)* subject
**matin** *(m)* morning
**mauvais(e)** bad
**mécanicien** *(m)* mechanic
**médecin** *(m)* doctor
**meilleur(e)** best
**même** even; same
**mensonge** *(m)* lie
**mer** *(f)* sea
à **merveille** wonderfully
**métier** *(m)* job
**métro** *(m)* underground
**mettre** to put
**mieux** better
**mille** a thousand
**moche** grotty
au **moins** at least
**monde** *(m)* world
**monnaie** *(f)* change
**montagne** *(f)* mountain
**monter** to go up, get into
**montrer** to show
**mort** (from **mourir**) died
**mot** *(m)* word
**musée** *(m)* museum
**musique** *(f)* music

**N**

**natation** *(f)* swimming
je suis **né** (from **naître**) I was born
**neige** *(f)* snow
**nettoyer** to clean
ne **ni ... ni** neither ... nor
**nom** *(m)* name
**nommer** to name
**non plus** neither
**note** *(f)* mark
**nourriture** *(f)* food

**nouveau/nouvelle** new
**nuage** *(m)* cloud
**nul(le)** useless

**O**

**occupé(e)** busy, engaged
s' **occuper de** to look after, take care of
**oeuf** *(m)* egg
**office** *(m)* office, duties
**oncle** *(m)* uncle
**ordinateur** *(m)* computer
**ordre** *(m)* order
**où** where
**oublier** to forget

**P**

**pantalon** *(m)* trousers
**Pâques** *(m)* Easter
**parapluie** *(m)* umbrella
**parce que** because
**paresseux/-euse** lazy
**parier** to bed
**parler** to talk, speak
**partie** *(f)* part
**partir** to leave, go away
**passé** *(m)* past
**passer** to spend (time); to go with
**\* devant** to go past
**\* l'aspirateur** to do the hoovering
**\* un examen** to take an exam
se **passer** to happen
**pauvre** poor
**pays** *(m)* country
**pendant** during
**pêche** *(f)* fishing; peach
**penser** to think
**perdre** to lose
**permis** allowed
**personnage** *(m)* character
**personne** nobody
**petit(e)** small, short
**petite amie** *(f)* girlfriend
un **peu** a bit
**peut-être** perhaps
tu **peux** (from **pouvoir**) you can
**phrase** *(f)* sentence
**physique** *(f)* physics
**pied** *(m)* foot
**piscine** *(f)* swimming pool
si j'étais
à ta **place** if I were you
**plage** *(f)* beach
**plan** *(m)* map
**pluie** *(f)* rain
ne ... **plus** no longer
**plus loin** further
**plus tard** later
**poids** *(m)* weight
**poisson** *(m)* fish
**pomme** *(f)* apple

**porte-feuille** *(f)* wallet
**porte-monnaie** *(m)* purse
**porter** to wear; carry
**poser une question** to ask a question
**poste** *(f)* post office
**poupée** *(f)* doll
**pourquoi** why
**pouvoir** can; to be able to
**préféré(e)** favourite
**prendre** to take
**\* rendez-vous** to make an appointment
**prénom** *(m)* first name
**près** near
**président** *(m)* president
**presque** nearly
**prêter** to lend
**prise** busy
**problème** *(m)* problem
**prochain(e)** next
**professeur** *(m)* teacher
**projet** *(m)* plan
c'est **promis** I promise
**proposer** to suggest
**puis** then
**punir** to punish

**Q**

**quand** when
**quand même** anyway
**quel/quelle?** which?
**quelque chose** something
**quelquefois** sometimes
**quelques** a few
**quelqu'un** somebody
**qui?** who?
**quitter** to leave
**quoi?** what?

**R**

**raconter** to tell
**raison** *(f)* reason
avoir **raison** to be right
**randonnée** *(f)* walk
**ranger** to tidy up
**rap** *(m)* rap
se **rappeler** to remember
**rapport** *(m)* account
se **raser** to shave
**rater** to miss
**reçu** (from **recevoir**) received
**récrivez** (from **récrire**) rewrite
**recycler** to recycle
**réfléchir** to think
**regarder** to look at
**régime** *(m)* diet
**région** *(f)* region
**règle** *(f)* rule
**regretter** to miss
**reliez** (from **relier**) join up

**remarque** (f) comment
**remplacez** (from **remplacer**) replace
**remplissez** (from **remplir**) fill in
**rencontrer** to meet
**rendre** to give back
**rentrée** (f) beginning of term
**rentrer** to go home
**repas** (m) meal
**repassage** (m) ironing
**répondre** to answer
**réponse** (f) answer
**représentant** (m) travelling salesman
**rester** to stay
**résultat** (m) result
**réussir** to succeed
se **réveiller** to wake up
**revenir** to come back
**rien** nothing
**rire** to laugh
**risquer** to risk
**rêve** (m) dream
**rêver** to dream
**rivière** (f) river
**robe** (f) dress
**romain(e)** Roman
**ronfler** to snore
**rouge** red
**rue** (f) street

**S**

**sait** (from **savoir**) knows
**sans arrêt** continually
**sans** without
**saumon** (m) salmon
**savoir** to know
**séjour** (m) trip, stay
**sel** (m) salt
**semaine** (f) week
**sensible** sensitive
se **sentir** to feel
**seulement** only
**sévère** strict
**si** if
**sœur** (f) sister
**soir** (m) evening
**soleil** (m) sun
**sonner** to ring
**sono** (f) sound system
**sortie de classe** (f) class outing
**sortir** to go out
**souligné(e)** underlined
**sous-sol** (m) basement
**souvent** often
**specialité** (f) speciality
**spéléo** (f) caving
**sport** (m) sport
**sportif/-ive** keen on sport
**stade** (m) sports ground

**sud** (m) south
**suivant** following
**suivre** to follow
**sujet** (m) subject
**supporter** to stand
**sûr** sure
**sûrement** for sure
**surpris(e)** surprised
**surtout** especially, above all
**\* pas!** especially not that!

**T**

**tabac** (m) tobacco
**tableau** (m) table, chart
**taille** (f) height
**taper** to press a key
des **tas de** piles of
**télé** (f) TV, telly
**tellement** so
**temps** (m) weather; time
**terrain de jeux** (m) playground
**terrain de tennis** (m) tennis court
**terroriste** (m) terrorist
**timbre** (m) stamp
**timide** shy
**toilettes** (f pl) toilets
**tolérer** to tolerate
**tomber amoureux** to fall in love
**toujours** always; still
**tourner** to turn
**tous les deux** both
**tous les dix jours** every ten days
**tous les jours** every day
**tout** all, everything
**\* de suite** straight away
**\* le monde** everybody
**travailler** to work
**traverser** to cross
**très** very
**trimestre** (m) term
se **tromper** to be wrong, make a mistake
**trop** too much
**trottoir** (m) pavement
**trouver** to find
se **trouver** to be
**truc** (m) thing
**tuer** to kill

**U**

**utile** useful
**utiliser** to use

**V**

**vacances** (f pl) holidays
grandes **vacances** summer holidays
**vaisselle** (f) washing up
**vélo** (m) bicycle
**vendeuse** (f) shop assistant
**vendre** to sell
**venir** to come
**venir de** to have just ...

**vent** (m) wind
**vérité** (f) truth
**vert(e)** green
**veste** (f) jacket
tu **veux** (from **vouloir**) you want
**viande** (f) meat
**vide** empty
**vie** (f) life
dans la **vie** for a living
**vieux/vieille** old
**ville** (f) town
**visite** (f) visit
**vite** fast
**vêtements** (m pl) clothes
**voici** here is
**voile** (f) sailing
**voir** to see
**voisin** (m) neighbour
**voiture** (f) car
**votre** your
**vouloir** to want
**voyager** to travel
**vrai** true
**vraiment** really

**W**

**whisky** (m) whisky

**Y**

**yaourt** (m) yogurt
**yeux** (m pl) eyes

# Glossary of grammatical terms

**adjective**
A word which describes something or someone, e.g. *grand, vieux*. Agrees with the noun. Adjectives can also be comparative (e.g. *plus grand que*), or superlative (e.g. *le plus grand*).

**agreement**
The change of spelling (usually just the last letter or two) that some words undergo to show whether they are masculine or feminine, singular or plural. In French words like adjectives 'agree' with the noun they are describing. In certain cases, past participles 'agree' with the subject, too.

**article**
The words for 'the', 'a/an' , 'some' or 'any'. There are three sorts of article:
the definite article: *le, la* and *les*
the indefinite article: *un* and *une*
the partitive article: *du, de la* and *des*.
Articles are masculine, feminine or plural to match the nouns they accompany.

**future tense**
The form of the verb used to talk about things that will happen in the future, e.g. *J'irai en Italie.*

**gender**
The fact of all nouns in French being either masculine or feminine.

**imperative**
The part of a verb you use to tell someone to do something, e.g. ***Range*** *ta chambre!* or ***Venez*** *ici!*

**imperfect tense**
The form of the verb used to talk about things that were happening or used to happen, e.g. *Je travaillais à Paris.*

**infinitive**
The part of a verb which means 'to do', 'to go', etc. This is how verbs are normally listed in dictionaries. In French the infinitive is just one word, e.g. *arriver, partir*. The infinitive is usually the starting point for forming different tenses.

**noun**
The name for a person, place or thing, e.g. *père, professeur, parc, eau*. All nouns in French are either masculine or feminine.

**object**
The person or thing at the receiving end of a verb, e.g. 'a castle' in the sentence: 'We visited **a castle**'. The object of a verb may be a pronoun or a name rather than a noun, e.g. 'him' in the sentence: 'My friends invited **him'**.

**past participle**
Part of the verb used to form the second part of the perfect tense, e.g. *mangé, fini, vendu*. Used after part of *avoir* or *être* (e.g. *j'ai*, etc.).

**perfect tense**
The form of the verb used to talk about things that have happened and things that are in the past, e.g. *J'ai mangé un gâteau.*

**person**
The parts of a verb. There are six – three singular, three plural. First 'person' singular is 'I', second 'person' singular is 'you', etc.

**plural**
Means 'more than one'. Most nouns in French, as in English, add an extra 's' to show they are plural, e.g. *chien – chien**s**; fille – fille**s**.*

**possessive adjective**
A word which tells you to whom something belongs: 'my', 'your', 'his', etc. In French: *mon, ma, mes, ton, ta, tes*, etc. These agree with the noun.

**preposition**
Words like 'near, 'with', 'opposite', etc. Often describe the position of something or someone.

**pronoun**
A small word that stands in place of a noun, e.g.: *il* instead of *le facteur, elles* instead of *Sophie et sa sœur.*

**singular**
Means 'only one'. So *vélo* is singular because it means 'bike'. More than one and the word becomes plural: *vélos.*

**subject**
The person or thing that is 'doing' the verb, e.g.'rain' in the sentence: '**Rain** is spreading from the West.' Or 'We' in the sentence: 'Every Sunday **we** play football'.

**tense**
Verbs take different forms depending on whether we are talking about something in the past, the present or the future. Each of these forms is called a tense. Thus, in English, 'I have seen' and 'I saw' are different past tenses of the verb 'to see'.

**verb**
Usually described as 'doing words', verbs also include words such as 'was', 'have', 'knew', etc. In other words, anything that makes sense when you put a subject such as 'I', 'you' or 'he' in front of it.